合伙人

股权分配、激励、融资、转让

胡华成　马宏辉◎编著

（第2版）

清华大学出版社
北京

内 容 简 介

本书由全网粉丝超过 500 万的 HR 商学院院长、首席人事官胡华成老师，根据多年股权设计和激励经验，从 14 个专题内容，以 208 个知识点或技巧的方式，向读者分享了股权的模式、设计、分配、融资、实施、转让、分红和退出等，帮助读者全面精通股权激励，成为股权行家和创业赢家。

胡老师作为亚洲财富论坛理事长、创业导师，以及多家上市公司的战略顾问，以股权方式投资孵化过 HR 商学院、人力资本、管理价值、今日财经、智库识堂、私孵成长器、胡华成频道、智和岛商学院等多个项目，经验丰富，本书便是总结了合伙人的股权分配、人才激励、创业融资、转让退出等精彩内容，从方案到范本，从理论到案例，应有尽有，使你一本书精通股权设计。

本书适合对股权设计感兴趣的读者，特别是各类企业老板、合伙人、创业者和投资人等。

本书封面贴有清华大学出版社防伪标签，无标签者不得销售。
版权所有，侵权必究。举报：010-62782989，beiqinquan@tup.tsinghua.edu.cn。

图书在版编目(CIP)数据

合伙人：股权分配、激励、融资、转让/胡华成，马宏辉编著. —2 版. —北京：清华大学出版社，2020.1（2023.6重印）
ISBN 978-7-302-53877-6

Ⅰ. ①合… Ⅱ. ①胡… ②马… Ⅲ. ①企业管理—股权管理—研究 Ⅳ. ①F272

中国版本图书馆 CIP 数据核字(2019)第 212864 号

责任编辑：杨作梅
装帧设计：杨玉兰
责任校对：吴春华
责任印制：沈　露

出版发行：清华大学出版社
网　　址：http://www.tup.com.cn，http://www.wqbook.com
地　　址：北京清华大学学研大厦 A 座　　邮　　编：100084
社 总 机：010-83470000　　邮　　购：010-62786544
投稿与读者服务：010-62776969，c-service@tup.tsinghua.edu.cn
质量反馈：010-62772015，zhiliang@tup.tsinghua.edu.cn

印 装 者：保定市中画美凯印刷有限公司
经　　销：全国新华书店
开　　本：170mm×240mm　　印　张：16　　字　数：320 千字
版　　次：2017 年 5 月第 1 版　　2020 年 1 月第 2 版　　印　次：2023 年 6 月第 8 次印刷
定　　价：49.80 元

产品编号：084778-01

推荐序1

股权是企业竞争中的核心竞争力

随着时代的发展与创新思维的崛起,普通的雇佣制度已经无法满足现代企业的用人需求,商业模式与业务模式的创新已经无法为企业带来更大的发展空间。因此,只有管理层面的创新才能真正助力企业的高度发展。对于在创业激流中奋勇前进的开拓者们,想要获得赢利的局面,必须懂得强强联合,共同经营,善于运用新的模式。

现如今,合伙人文化越来越多地融入初创团队的核心管理思维,而如何选择合伙人,进行股权分配,设计股权激励,做好股权融资,以及如何"全身而退",成为每一位潜在合伙人关心的重要话题。

在创业新模式的时代,下一轮的商业竞争即是合伙人制度的竞争。而团队组建、股权激励、利益分配、融资上市、风险预防等,决定了企业在合伙人制度竞争中的核心竞争力。

对于合伙制创业公司,合理的股权设计与分配能够成为企业发展的原动力,对内激励员工,帮助打造完美的团队,对外整合资源,吸引源源不断的融资,使得创业过程中的诸多问题迎刃而解,推动企业的快速发展、转型、变革。

本书作者是智和岛咨询公司董事长、HR商学院院长胡华成先生,作为一位资深的创业人,他将近年来对于股权战略的提炼与分析赋集成书,希望能给新一代的"中国合伙人"一些长足的建议与深远的思考。

作者在本书中,针对创业者、企业家对于股权认知的不足与实操技能的缺乏,结合自身的所学所历,以四大板块:股权分配、股权激励、股权融资、股权转让,总结归纳了208个合伙人制度的管理诀窍,结合地产、零售、电商、金融等行业的真实案例,深度揭秘阿里巴巴、华为、高盛等商业帝国的合伙人制度,解析股权战略的深远意义与实操技巧。

作为一名曾经的"创业人",深感本书能够为诸多迷失在创业路上的年轻人、处于转型阶段的企业家、力推企业变革的高管们提供真切实用的股权战略制度诀窍,推荐给需要的"创业人",从中找到打造硬核团队,制胜创业的完美方案。

唐秋勇
HRoot总经理,《人力资本管理》杂志执行总编

推荐序2

人才资本化是向内盈利的正道

任正非是白手起家的民营企业家,在 1995 就开始推行股权激励,因此华为一路走来从来不缺人才、资金。因为有了共同进退、共创共赢的人才团队,所以也从来不缺市场、客户。在股权激励方面,华为为我们做了很好的示范,用股份换来人才、士气、业绩、事业。

进入 21 世纪以来,随着中国经济发展以及持续的老龄化,高价值的人才开始变得更加稀缺和珍贵,把人才用好了、增值了,人才就是资本,反之就变成成本。但企业的股份并非稀缺,老板干好了一家公司,股份分得差不多了,可以注册第二、三家公司,只要妥善做好股权布局,关于公司治理、股份分配等都不是难题。

最近,我在网上看到一位白领写的文章,他说自己现在在阿里工作,月薪 2 万元,但是有同行开价 5 万元邀请他过去,他十分纠结。因为除了月薪,他还在阿里拥有期权,一年算上工资加期权,收益也在 50 万~60 万元,其实与这家同行开出的条件相比,也相差无几,只是每月到手的收入有差别而已。最后,他还是决定留在阿里,毕竟他对阿里是认可的。

从这个案例中,大家有没有发现其中的差别在哪里?阿里给的薪酬只有 2 万元,这是利前的成本支出,虽然该员工总年度收入算下来可望得到 50 万~60 万元,但是有一半多的收入(即期权分红)是利后的分享。如果团队不能齐心协力创造和维持利润,员工的这部分分红收入就会大打折扣,甚至可能非常低。但是同行支付的月度薪酬 5 万元,这可是利前的工资收入,无论员工的绩效优劣、企业经营成果好坏,对员工而言都是旱涝保收。

企业要懂得通过股权激励方案来相应地降低利前的工资福利支出,而放大利后的利润分享,实际上就是人才资本化的设计。将人才变成资本,是"以人为本"和经营人才的最高境界。

我经常说,**薪酬要组合,激励要叠加**。股权激励是对激励的重要补充,员工不仅需要短期激励,还需要中长期的激励。层次越高的人才,越需要归属感和发展空间。股权、股份面向未来,解决了人才对未来认同的需求。老板凝聚了一批共同发展、共同经营、同甘共苦的核心人才,自身的压力和风险才可得以释放。

给员工分享剩余价值的权利,同时也给予他们担当的责任。在企业需要变革、转型的时候,有了共同利益的员工,会更加理解企业的现状、愿景、使命,放下眼前、局部和小我的利益,从而支持公司追求大局、长期和更大的利益。

当人才得以稳定,当人才有了共同的目标与利益,当人才获得的不再只是月薪和"死工资",当人才开始按自己的贡献与价值分享利润时,在企业内部就形成了一股合力,将企业推向可持续经营的高地,更好地提升盈利水平。

李太林

中国绩效研究院院长

推荐序3

股权是公司体系的产权基础,是命脉,是根

不能不说,股权是一个诱人的字眼,在这个经济飞速转型、资本市场起伏跌宕的时代,股权决定着公司的存亡、企业的未来、品牌的延续,以至于影响着世界的经济走向,中国也概莫能外地卷入股权投资的浪潮,甚至说中国进入了股权时代。

五光十色的生活带来了相应的历史契机。从 IDG 的创立,BAT(Baidu、Alibaba、Tencent)的崛起,独角兽的孵化,到风眼中的 IPO,小米入阵,京东起底,微博配送,奇虎借壳,乐视重组,万科争权,更有跨界裂变种种,无不昭示出股权的价值与威力。一面是股权创投助攻创业,一面是股权激励推动企改,BATJ(即百度、阿里巴巴、腾讯、京东)、华为、万科等大公司的股权设计与激励机制几乎成为行业标杆。

成也股权,败也股权。股权不禁让人胆战心惊,陈晓败走国美,张兰输掉俏江南,李途纯梦断太子奶,雷士照明吴长江被"逼宫"出局,真功夫蔡达标身陷囹圄……

股权让多少企业趋之若鹜,如井喷式神助攻,又是多少企业的核心痛点。中国经济经历着转型中的阵痛,股权浪潮已经不是迎头而来的机遇,而是必然的趋势。

作为公司体系的产权基础,股权是命脉所在,是企业的根,一旦失控,难免深陷泥淖,或财技失灵,面临多事之秋。在股权的生态链上,合伙人是一个高频字眼,而以股权的方式把员工从雇员变为合伙人,消弭了被动的雇佣关系,雇佣重构变得相对平等而富有弹性,这不失为时代发展的一个标志。

然而,要厘清合伙人制所涉及股权的方方面面并非易事,譬如很多企业就死在股权分配的坎上,或者处于"水深火热"之中,合伙人之间的股权如何分配、转让?股权结构如何设计?公司如何实行股权激励?又如何做股权融资?这里面大有学问。

胡华成老师的这本书,理论联系实际,借多年对股权研究与实践的提炼,立足于股权发展的现实,落地生根,脉络明晰,可谓一目了然的合伙人股权体系,走出一步落子无悔的关键棋局。如是出于对股权知识的好奇,也可在此注目片刻自有妙用,初学者可按图索骥,内行者自心领神会。

市面上关于股权的书如汗牛充栋,外版书往往水土不服,这本书则是真枪实弹的本土解读,从中显现的逻辑关系一清二楚,也蕴含着举一反三的"灵性维度"。出于

与本土经济文化发展相融的美好初衷，和对这样一个股权时代的深度印记，请允许我来越俎代庖推荐此书，让股权合伙模式深入人心，让固有的没落体系尘归尘土归土，让企业借此股权体系获得新的生命力，让更多投资者、打工者成为合伙人，知悉铁律，共谱时代新生态的传奇。

其实，对于这样一本质量密度很足的股权工具书，我所有的推介文字都显得苍白，还是让读者自己去品读，一窥个中滋味。

是为序。

姜岚昕

世华集团董事长，华夏管理学院校长

前言

一本破解创业企业困局的书

当今时代,市场竞争越来越激烈,中小企业发展到一定阶段,将面临各种内忧外患。

- 跟随老板创业的老员工,总认为自己劳苦功高,而抱怨薪水太低。
- 企业里的中坚骨干,朝秦暮楚,一心想着自立门户或者另谋高就。
- 尽管企业开出比老员工更高的工资,也吸引不到优秀的人才加入。
- 核心员工们对企业的长远发展漠不关心,而只是抱着打工的心态。
- 那些能力很强的员工明明可以把事情做得更好,却总是力不从心。
- 老板在管理企业时事无巨细,任何事情都要亲力亲为,疲惫不堪。
- 企业做了很多看上去很美好的战略规划,但总是无法完全落地。
- 企业业务增长缓慢,但成本却不断增加,利润增长难以得到突破。
- 股东相互拆台,企业产权模糊、融资渠道单一、治理结构不完善……

上述种种问题,使公司随时可能会被竞争者击败,如何破解这些困局?答案很明确,那就是股权。股权是谷歌、苹果、华为、阿里等公司做大做强的奥秘所在,也是这些企业长盛不衰的管理智慧。

马云将阿里做到上市的新闻,告诉我们股权的作用非同小可。

- 股权可以吸引人才,如蔡崇信加入阿里。
- 股权可以留住人才,如阿里的"18罗汉"团队。
- 股权可以融资,如日本首富孙正义投资阿里。
- 股权可以打市场,如阿里与雅虎的合作。
- 股权牢牢控制公司,如马云仅靠6%股份掌控30000亿元市值的阿里。

另外,任正非也是因为早在20世纪90年代,便在企业内实行全员持股机制,让华为从区区4万元的年销售额,发展到如今7000多亿元的年销售收入。关键是任正非仅用不到2%的股权,却能够始终把公司抓在自己手中。

从这些事实中,我们可以看到股权的巨大作用,股权可以使外人变成亲人,让员工干企业的活儿和干自家活儿一样努力!股权可以把员工变成股东,让员工管理自己,降低管理成本,让企业实现超速发展!

笔者编写本书,也正是为了探索成长型企业做大做强的制度,你想知道的一切有关股权激励的实战操作问题,都可以在这本书里找到答案。这本书不仅是企业股权激励的必备指南，也是企业进行股权融资的关键指导用书，具体内容如下。

(1) 股权分配篇：包括合伙人机制、股权分配、创业团队等内容，帮助读者控制企业内部风险，在动态中去分股份！

(2) 股权激励篇：包括股权的激励模式、激励计划、落地方案、实施流程以及管理要点等内容，奖励过去、激励现在、吸引未来！

(3) 股权融资篇：包括风险防范、融资方式、商业计划书和融资技巧等内容，实现长期稳定合作，帮助企业做好发展阶段及未来上市计划。

(4) 股权转让篇：包括股权流转和退出机制等内容，系统学习，全面了解，从方案设计上堵住漏洞！

在股权时代，产生了全新的资本思维，读完本书，合伙人制、股权激励、股权融资、股权投资、股权上市、股权控制等问题即可迎刃而解。本书是创业者、老板、股东和投资人的必备股权运营读本，具有以下4个细节特色。

(1) 11个核心板块，解决读者真实需求。笔者具有多年的企业管理和创业经验，亲自讲授成功实施股权激励的方案，理清思路，探讨股权激励的核心价值，包括股权结构设计、股权分配原则、股权激励方案、股权融资技巧以及股权转让玩法等，以满足不同需求的读者。

(2) 30多个相关范本，源于一线实践应用。书中列举了大量股权分配、股权激励、股权融资和股权转让等协议范本，以及商业计划书真实范本，为读者提供了落地的解决方案，读者能够轻松读懂、快速上手，并很好地应用于自身企业。

(3) 60多条法律法规，汇聚核心法规规章。本书还整理出实施股权激励和股权融资方案涉及的相关法律和规章制度，方便读者了解国家的强制性规定，以有效规避法律风险，做到"底线不能踩"。

(4) 300个图表图解，可视化深度解读股权。本书引用了大量真实企业案例，以及多达300个的可视化图表和图解，采用场景式的阅读体验，深度揭示股权设计工作中应当关注的核心问题，提供专业解决方案。

因编者水平所限，书中内容如有错误之处，欢迎批评、指正。

编 者

目录

第1章 14个要点，掌握合伙人制管理新思维 1

- 001 管理变革：合伙人制打破传统管理思维 2
- 002 六大模式：实现合伙人制度的快速落地 4
- 003 同人法则：把企业员工当合伙人来对待 5
- 004 管理进化：让企业员工"给自己打工" 7
- 005 选择战略：职业经理人还是事业合伙人 9
- 006 事业部制：带动员工积极性的措施和方法 10
- 007 角色扮演：创业合伙人如何发挥作用 12
- 008 建立机制：打造高效的合伙人激励体系 12
- 009 老板电器：开放经营权高管个个当老板 13
- 010 万科集团：合伙人制解决企业部门分歧 14
- 011 阿里巴巴：合伙人享有表决力和影响力 15
- 012 华为模式：员工代表会制度和获取分享制 18
- 013 永辉超市：内部员工的合伙人创新机制 19
- 014 高盛集团：揭秘百年投行的合伙人制度 21

第2章 11个方法，玩转股权分配创业新玩法 23

- 015 合伙创业，首先确定公司创始人 24
- 016 合理分配，股权分配的基本原则 25
- 017 两人合伙：寻找稳健的合作方式 26
- 018 夫妻股东：天然的就是50∶50 27
- 019 三人合伙：实现长期共赢为目标 28
- 020 多人合伙：做出更加合理的决策 30
- 021 员工股权：设定合理的股权比例 31
- 022 多重激励：股权与分红权的分离 33
- 023 股权架构：商业模式和合伙团队 33
- 024 限制条款：做好股权协议的约定 35
- 025 注意大坑：股权架构存在的问题 35

第3章　14个技巧，打造出高潜力的创业团队 37

- 026　合伙创业：选择和成立一个正确的团队 38
- 027　内部创业：满足员工创业欲望激发活力 39
- 028　六大模式：实现裂变式的内部创业发展 40
- 029　筛选伙伴：如何找到可靠的合作伙伴 41
- 030　始立规矩：初创企业如何建立规章制度 43
- 031　遵循标准：选择一个合适的联合创始人 44
- 032　人本管理：小米如何形成独特粉丝文化 45
- 033　针对高管：有效达到留人与激励的目的 46
- 034　绩效管理：刺激团队员工的工作积极性 47
- 035　增强实力：为企业培养更多内部创业家 48
- 036　管理框架：让普通员工获得更多自主权 49
- 037　职业经理人：转型变为内部创业合伙人 50
- 038　打造领导力：培养更多优秀的领导人才 50
- 039　事业共同体：打造核心团队的四大要点 52

第4章　14个策略，初创企业股权分配的核心 53

- 040　两个核心：人才和资金 54
- 041　容错思想：建立灵活试错机制 55
- 042　量化贡献：以公司价值为导向 56
- 043　人单合一：将创意转为生产力 57
- 044　留出空间：股权架构的合理性 59
- 045　留出股权池：吸引人才的加盟 61
- 046　分配机制：动态股权分配关键 62
- 047　股权架构：股权分配量化模型 63
- 048　大股东牵头：避免被平均分权 65
- 049　股份绑定：逐年增加兑现比例 66
- 050　杠铃策略：保持企业稳健发展 67
- 051　企业文化：信任、公平是基础 68
- 052　三大陷阱：注意影响公司发展 69
- 053　面对失败：能够总结经验教训 70

第5章　19种方法，快速指明股权激励的方向 71

- 054　股权是什么、股权有什么用 72
- 055　股权激励是一种长期激励机制 73

- 056 股权激励的基本原则是什么 ... 74
- 057 股权激励有哪些目的和意义 ... 75
- 058 股权激励模式1：干股激励 ... 76
- 059 股权激励模式2：期权激励 ... 77
- 060 股权激励模式3：限制性股票 ... 78
- 061 股权激励模式4：股票增值权 ... 79
- 062 股权激励模式5：虚拟股权 ... 80
- 063 股权激励模式6：延期支付 ... 81
- 064 股权激励模式7：业绩股票 ... 83
- 065 股权激励模式8：员工持股计划 ... 83
- 066 股权激励模式9：虚拟股票期权 ... 85
- 067 股权激励模式10：管理层收购 ... 85
- 068 股权激励模式11：优先认股权 ... 86
- 069 股权激励模式12：分红回偿 ... 87
- 070 股权激励模式13：赠予股份 ... 87
- 071 股权激励模式14：账面价值增值权 ... 88
- 072 股权激励模式15：技术入股 ... 88

第6章 14个高招，设计股权激励的基本内容 ... 89

- 073 组建团队：打造高效团队 ... 90
- 074 构建机制：确定运行方式 ... 91
- 075 集中访谈：提升工作效率 ... 92
- 076 方案审批：获得领导同意 ... 92
- 077 定目标：目标不能好高骛远 ... 93
- 078 定对象：确认参与人员范围 ... 95
- 079 定模式：选择合理激励模式 ... 98
- 080 定时间：做出合理时间安排 ... 99
- 081 定来源：股份来源获得方式 ... 101
- 082 定价格：股份资金来源价格 ... 102
- 083 定数量：激励额度分配依据 ... 104
- 084 定规则：确定股权激励制度 ... 106
- 085 定载体：选择合适持股介质 ... 108
- 086 定机制：确定业绩退出条件 ... 109

第7章 22个技巧，给出股权激励的落地方案 111

- 087 四维模式：股权激励整体解决方案 112
- 088 初创型企业：股权方案的四大建议 114
- 089 成长型企业：注意误区与选择模式 115
- 090 成熟型企业：集团股激励稳步前进 117
- 091 亏损型企业：为公司创造更多利润 119
- 092 在职分红法：激励公司核心高管 120
- 093 延期支付法：激励公司核心高管 121
- 094 期权激励法：激励公司核心高管 122
- 095 干股激励法1：激励公司核心团队 123
- 096 干股激励法2：激励"未来之星" 124
- 097 金色降落伞法：激励"明日黄花" 126
- 098 超额利润法：激励核心高管 127
- 099 135渐进法：激励核心高管 129
- 100 5步连环法：激励业务团队 131
- 101 7步激励法：激励企业上下游 132
- 102 内部孵化法：激励内部创业者 133
- 103 连锁模式合伙法：激励分店 135
- 104 并购基金模式：激励分公司 137
- 105 分红权转实股：激励核心骨干 138
- 106 股权绑定法：激励公司经销商 139
- 107 增值权激励法："国退民进" 140
- 108 全员劳动股份制：激励分支机构 142

第8章 16个事项，实施股权激励的具体方案 145

- 109 实施原则：形成利益共同体 146
- 110 实施流程1：公示方案 147
- 111 实施流程2：确立对象 148
- 112 实施流程3：签订协议 149
- 113 实施流程4：召开会议 150
- 114 实施流程5：成立机构 150
- 115 实施流程6：搭建平台 151
- 116 实施流程7：变更登记 153
- 117 实施流程8：举行仪式 155

118	实施机构1：持股员工大会	156
119	实施机构2：股权管理机构	157
120	实施机构3：股权监督机构	158
121	实施机构4：内部议事规则	159
122	实施要点1：绩效考核方案	161
123	实施要点2：股权代持方案	162
124	实施要点3：起草法律文书	163

第9章 19个办法，股权管理的方法和注意点 165

125	股权激励行权的流程和步骤	166
126	股权分红的基本步骤	167
127	掌握股权分红的具体实施方法	168
128	风险控制方法1：维护公平	169
129	风险控制方法2：加强监管	170
130	风险控制方法3：把握难点	171
131	风险控制方法4：制度建设	173
132	常见陷阱1：有人情无规则	173
133	常见陷阱2：光交心不交钱	174
134	常见陷阱3：光说说不执行	174
135	常见陷阱4：拉帮结派现象	175
136	常见陷阱5：不为老板效忠	175
137	常见陷阱6：不确定的未来	176
138	管理智慧1：掌握经营之道	177
139	管理智慧2：分类管理对象	178
140	管理智慧3：规矩必不可少	179
141	管理智慧4：大于预期的激励	179
142	管理智慧5：要学会当机立断	180
143	管理智慧6：善用这把双刃剑	182

第10章 15个高招，做好股权融资的解决方案 183

144	股权融资：增加总股本	184
145	利弊分析：优势和缺点	185
146	七大误区：小心埋下隐患	186
147	风险防范：给自己留后路	187
148	协议条款：关键要点解析	188

149	融资方式1：股权质押融资	189
150	融资方式2：股权出让融资	190
151	融资方式3：股权增资扩股融资	191
152	融资方式4：私募股权融资	192
153	融资方式5：天使投资	193
154	融资方式6：风险投资	194
155	融资方式7：股权众筹	195
156	融资方式8：FA股权融资	196
157	融资方式9：新三板融资	197
158	融资方式10：IPO上市融资	198

第11章 14个诀窍，做好股权融资商业计划书 199

159	一目了然：打造优秀的商业计划书	200
160	基本结构：商业计划书的主要框架	201
161	重视引言：传递股权融资核心思想	201
162	形式分析：运作独特性与流程分析	201
163	市场调研：打动投资人的重要内容	202
164	竞争优势：让投资人更加认可项目	202
165	团队介绍：展现有战斗力的管理队伍	203
166	盈利模式：呈现商业模式和项目价值	204
167	营销策略：给计划书增添更多亮点	205
168	融资计划：提高项目融资的可能性	205
169	项目进展：项目不光只是一个点子	206
170	退出途径：投资人关心的关键问题	207
171	内容策划：做到图文并茂、清爽简洁	207
172	数据亮点：展示最有说服力的数据	209

第12章 12个技巧，融得更多资金帮你打破困境 211

173	基本条件：了解行业十不投原则	212
174	投资机构：创业者背后的支持者	212
175	尽职调查：打好股权融资的基础	213
176	公司估值：对公司进行价值评估	214
177	融资时间：行动远比空想更重要	214
178	融资金额：一定要大于实际需求	215
179	谈判窍门：明确谈判内容和要点	215

180	知己知彼：多了解投资人的情况	216
181	融资陷阱：不得不防的融资大坑	217
182	花钱技巧：会花钱的人才会赚钱	218
183	处理关系：良好的互动达到共赢	218
184	掌握控股权：抓牢公司的控制权	219

第 13 章　12 个干货，股权转让的关键问题整理 …… 221

185	股权转让：将自己的股份让渡给他人	222
186	股权流转：股权转让的基本运行流程	222
187	获得盈利：股权转让后能否得到分红	223
188	转让协议：股权转让协议包括的内容	224
189	转让手续：股权转让要经过哪些手续	224
190	注意法规：影响股权流转效力的因素	225
191	缴纳税款：股权转让如何上缴印花税	226
192	合同生效：股权转让要变更工商登记	227
193	公司吊销：股东的股权如何进行转让	227
194	股权收购：公司股权收购的 4 种方式	228
195	隐名股东：转让股权需要注意的问题	228
196	交叉持股：子公司如何购买母公司股权	229

第 14 章　12 个妙招，合伙人"分手"后退出股权 …… 231

197	退出机制 1：公司创始人如何退出	232
198	退出机制 2：股权投资人如何退出	232
199	退出机制 3：股权合伙人如何退出	233
200	退出机制 4：联合创始人如何退出	234
201	退出机制 5：持股员工如何退出	234
202	制定规则：特殊情况的退出机制	235
203	IPO 退出：投资人热衷的退出方式	236
204	并购退出：方式灵活但收益率较低	236
205	新三板退出：适合中小企业的方式	236
206	借壳上市：通过二级市场间接退出	237
207	股权回购：回报率较低但收益稳定	238
208	破产清算：尽可能地收回残留资本	238

第1章

14个要点，掌握合伙人制管理新思维

随着合伙人创业时代的来临，传统的雇佣关系正在发生根本性变化，很多企业创始人开始实行合伙人制度，跟自己的员工共同创业，通过股权分配来不断吸收优秀的合伙人加入，与他们共享创业成果。

合伙人制可以激发团队的潜力，有利于选人、用人以及培养人才，打造高效激励方式。

001 管理变革：合伙人制打破传统管理思维

很多人在创业过程中，都会遇到下面这些问题，如图 1-1 所示。你的公司是否也存在这些问题，如果有，说明你的管理制度需要改进了。

创业过程中常常遇到的问题 包括：

- 精心培养的人才流失，而且他们离开公司后就成为自己的竞争对手
- 员工对于企业的财产漠不关心，公务支出大手大脚，认为这些损失与自己无关
- 开 10 家店能赚钱，开 20 家店却只能保本，开 30 家店反而亏损，越做大越难盈利
- 辛辛苦苦奋斗了很多年，企业却还是停滞不前，规模和市场都没有任何发展
- 员工的工资加了又加，绩效改了又改，但工作仍然没有动力，看不到实质成效
- 企业管理层的人越来越多，但真正用心做事的却寥寥无几，大多都是"打酱油"的
- 老板做任何事都必须亲力亲为，从而无暇分身专注于企业的宏观战略规划

图 1-1 创业过程中常常遇到的问题

俗话说得好："一人拾柴火不旺，众人拾柴火焰高。"合伙人制的主要概念是指企业由两个或两个以上的股东合伙经营，他们都拥有公司股份并分享公司利润的组织形式。

合伙人制的基本理念就是"让每个人都成为企业的经营者，并分享企业的经营性收益"。通过合伙人制经营模式，创始人可以把企业里的核心人才发展成为股东，让他们拥有更多的责任和红利，从而最大限度地发挥人才的作用，打造这样一种全新的财富机制思维，其优势如图 1-2 所示。

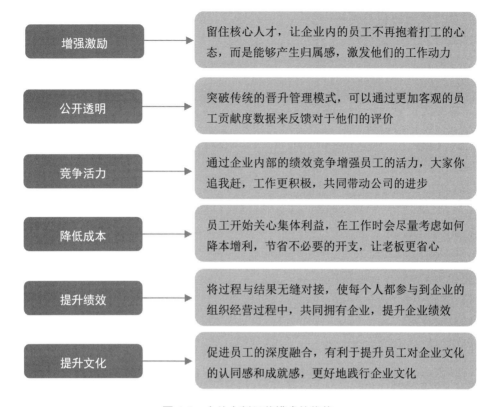

图1-2 合伙人制经营模式的优势

人是企业经营下去的动力,合伙人制能够让企业做得更加长久,将员工发展成企业家,将老板变身为资本大咖。同时,合伙人制还能够为企业储备大量人才,不仅可以增加员工的收入(工作收入+企业分红),而且还能让企业的单位利润率得到提升,让企业得到更快速发展。如图1-3所示为合伙人制的经营价值。

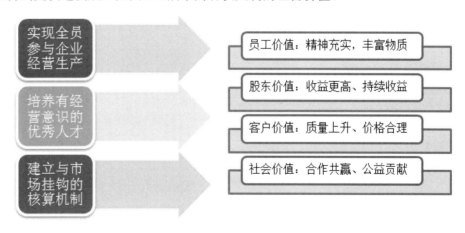

图1-3 合伙人制的经营价值

002 六大模式：实现合伙人制度的快速落地

员工的工作态度对于企业的经营起着生死攸关的作用，是获得成功的关键所在，合伙人制让他们与老板的关系变成了生死与共，因此成为很多老板喜欢的激励手段。合伙人制和传统管理模式的主要区别如图1-4所示。

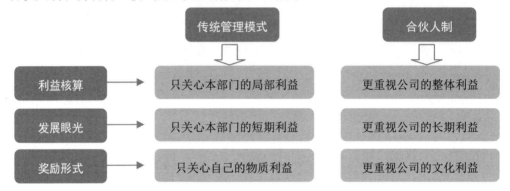

图1-4 合伙人制和传统管理模式的主要区别

既然合伙人制有这么多优势，那么，我们的企业是否适合这种经营制度呢？有哪些模式更加适合自己的企业经营呢？带着这些问题，下面再来看看合伙人制常见的5种模式，如图1-5所示。

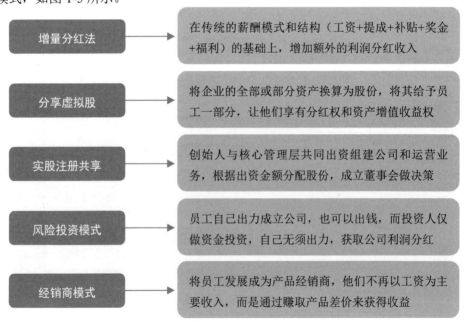

图1-5 合伙人制常见的5种模式

除了上面这 5 种常见的合伙人制模式外，还有一种项目跟投合伙模式也非常受欢迎。在这种模式下，公司开发项目后，员工可以跟投这个项目，他们在享有超额收益的同时，反向也要承担超额的责任。这样，员工的收入与公司的业绩、股市和风险等都实现了深度融合，与公司共同进退。例如，在三国时期，司马氏家族就是因为跟投了曹魏集团，最终获取了天下。

003　同人法则：把企业员工当合伙人来对待

"同人法则"的核心要点就是"把员工当合伙人"。在同一个企业里面，员工的关系越紧密，工作氛围越好，效率自然就会越高。不过，人性是非常复杂的，每个人都有着自己不同的生活方式，因此要时刻保持这种良好的关系也是非常困难的。

但是，领导者只要能够善用"同人法则"，即使你是一个身无分文的人，即使你没有任何名气，也能获得很多人的忠心追随。员工能够直接为企业创造财富，"同人法则"可以让他们的身份产生逆转，形成一种更加良好的合作互动关系，通过"以人为本"的管理思维，来提升企业的管理效率和经营实力。

领导者如果能够将自己的员工视为"同人"对待，能够让他们产生更多的归属感，做事更加有责任心，将获得成倍的回报率。下面介绍几种"同人法则"的常用方法。

1. 网心科技：人人持股，风雨同舟

例如，网心科技是一家专注于技术创新的共享经济云计算公司，致力于为全球互联网发展提供技术原动力。公司在成立之初就制定了相应的员工激励机制，让每个人都参与公司持股，带动大家的工作积极性，打造高效、有战斗力的团队，如图1-6所示。

图1-6　网心科技

网心科技运用"同人法则"打造了良好的企业文化氛围，如网心年会、网心团建、网心协会、晚托班以及各种贴心福利等，让员工更加死心塌地地跟随，如图 1-7 所示。

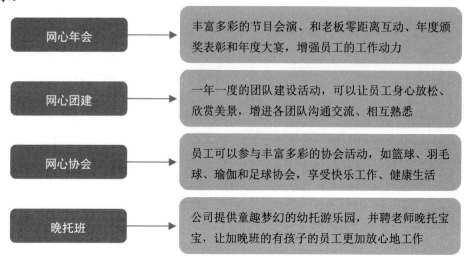

图 1-7　网心科技的员工福利

2．沃尔玛：团结员工，平等工作

例如，已有 40 多年历史的沃尔玛，平等管理的企业文化一直都是零售业界的佳传，极大地增强了企业的凝聚力和战斗力。沃尔玛的创始人山姆·沃尔顿(Sam Walton)非常强调尊重公司的每一个人，坚持一切要遵循以人为本的原则进行管理，将企业打造成一个大家庭，其管理方法如图 1-8 所示。

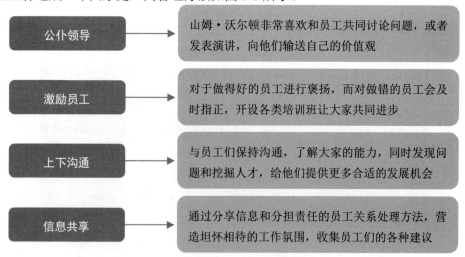

图 1-8　沃尔玛的员工管理

沃尔玛将顾客放在首位，员工居中，领导则置于底层，员工为顾客服务，领导则为员工服务,从而让员工更加努力地工作。

3. 海尔:去领导化,赋予权力

海尔集团首席执行官一直提倡"去领导化"的管理模式,通过"官兵互选"的方式来筛选和优化企业的管理层,让更多员工拥有竞选管理层的机会,赋予他们更多的决策权力,提高办事效率。如图1-9所示为海尔集团的治理架构。

图1-9 海尔集团的治理架构

张瑞敏在讲到领导者职责时,用得最多的词语就是"维护""提供""服务"等,而不会使用"领导""指示""要求"等词语,强调自己是服务者,而绝非领导者,让管理者职能产生了根本的变化,履行"去领导化""去中心化""以人为本"的管理原则,让企业运营变得更加有活力。

通过这些"同人法则"的企业案例,我们可以发现,大家对于"同人法则"都有不同的思路和做法,但始终保持着以人为本的基本原则,重视员工的话语权和激励制度,从而赢得他们的信任。

004 管理进化:让企业员工"给自己打工"

在合伙人制模式下,把员工作为合伙人来对待,他们对于公司的心态也会天差地别。在公司员工看来,每天完成自己的本分工作,拿到属于自己应得的工资收入,自己与老板只是一纸雇佣合同的关系,下班了就没有关系了;而在企业合伙人看来,他不仅需要承担企业的责任和风险,而且还能享受到更多的效益分红,不再是给老板打工,而是自己给自己打工。

其实,在传统模式下,老板花钱雇人来工作,就是想通过他们来给自己赚钱,是一种商业上的"等价交换"关系。员工很难说服自己去做多余的工作,因为那样得不到收入,对他们来说没有任何意义。因此,老板就会觉得这些员工做事少,还要求很高的工资,心里会不舒服;而员工则觉得老板给的工资低,还总是给他们安排很多事,工作没有干劲。久而久之,这种关系就会越来越恶劣,最终造成人才的流失,这对于企业和人才来说,都是"双输"的。

在传统的雇佣模式下,想要改变员工"给别人打工"的心态,几乎是不可能的,老板只能通过增加工资这种比较老套的方式,来激励他们去做更多的工作,这种方式往往得不偿失。而合伙人制的出现,能够很好地解决这种"打工仔"的心态问题,通过将优秀的人才转化为企业合伙人,完善和优化合伙人晋升空间,从而让企业员工将"给别人打工"的心态转变为"给自己打工",这样才能充分发挥员工工作的主动性、积极性。

例如,德勤(Deloitte)是一个品牌,在这个品牌下,主要向客户提供审计、企业管理咨询、财务咨询、风险管理及税务服务,如图1-10所示。

图 1-10 德勤(Deloitte)品牌主页

德勤一直沿用着普通合伙人的企业管理模式,会通过一系列的绩效标准考核来筛选新晋合伙人,这些新的合伙人必须满足一个基本条件,那就是"优于现有合伙人的平均水准",并且获得所有合伙人的全票通过才行。

其实,合伙人制对于员工的行为还有很好的约束作用,因为它除了共享利润外,还有一个特点——责任共担。合伙人制能够让员工真正感受到企业效益与自己的利益是息息相关的,而不是赚的钱都装到老板的口袋里。员工有了这种"给自己打工"的心态后,即可大幅提高他们工作的责任心、主动性和稳定性,并且会不遗余力地推动企业向前发展。

005　选择战略:职业经理人还是事业合伙人

马云经常在公开场合表示:"职业经理人不适合我,我信赖的是我的合伙人!"合伙人制也是让阿里巴巴成为强大公司的主要原因所在。

当企业中的优秀员工做到一定级别后,可能会面临一种职业战略的选择,那就是做一个"职业经理人",还是选择做企业的"事业合伙人"。首先来看一下这两种选择有何区别,如图1-11所示。

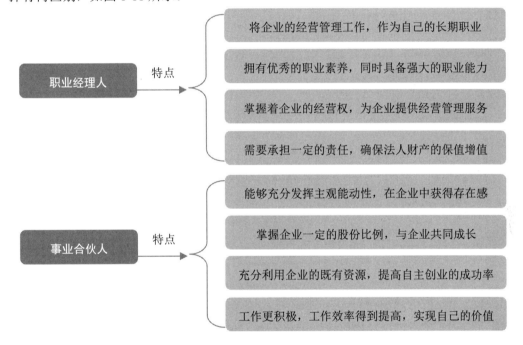

图1-11　职业经理人与事业合伙人的特点分析

在企业正常运转的情况下,职业经理人是一种良好的战略选择,他们也能够保持高昂的工作斗志,协助老板完成各项工作,为企业经营发展注入源源不断的动力。但职业经理人和领导者之间,暗地里经常会进行各种博弈,因为大家的利益点并不一致。

职业经理人掌握着企业的大部分客户和市场资源,老板担心他们的离开会让公司造成不可挽回的损失,而且他们离开后一旦自立门户,还会成为老板的强势竞争对手。同时,还有很多老板担心自己花费大量时间和资金培养的职业经理人,最后无法给自己带来应有的利益。这些都是博弈的实质表现,会让老板们在选择职业经理人战略时犹豫不决,从而影响公司的正常经营和发展。

因此，对于企业领导者来说，一定要学会识人和用人的技巧，为企业培养优秀的领导人才，打造核心团队来支撑企业的运转，充分发挥人才的价值。同时，领导者还需要在员工中建立强大的信任度，对员工进行授权，把那些优秀的员工作为自己的事业合伙人。

尤其是对于中小型企业来说，一定要多注重机制，而少用管理，因为管理需要付出大量的成本，而机制这种东西是一本万利的。选择事业合伙人机制，老板还需要在本质上完成一些转变才行，具体如图 1-12 所示。

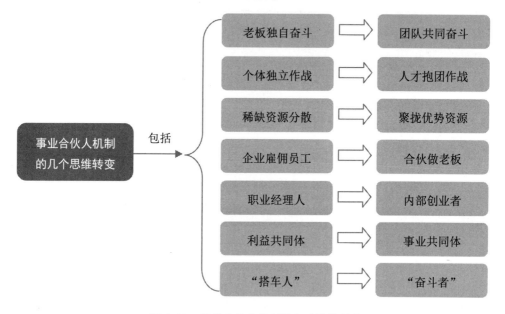

图 1-12　事业合伙人机制的几个思维转变

对于"事业合伙人"机制，笔者在创业过程中也一直深耕这一模式。笔者打算筹备一家集团化内容孵化生态公司，同时做一家私人创业孵化器之后的精准人才项目天使阶段的创业投资公司。笔者的愿景是做一家陪同创业者一起创业成长的创业公司，使命是帮助 100 家创业公司打造成为领域独角兽，并且我们将给予集团公司所有的资源、人才、资本助力，以帮助创业者实现成功创业。

006　事业部制：带动员工积极性的措施和方法

事业部制又称分公司制结构，在传统企业模式中较常见，是一种能够满足企业规模扩大和多样化经营对组织机构的要求的组织结构形式，具体设计思路如图 1-13 所示。

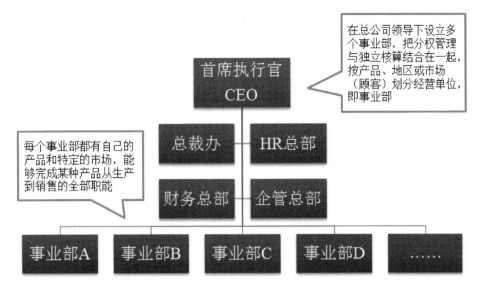

图 1-13 事业部制的具体设计思路

与传统的总部集权模式相比,事业部制操作起来更加灵活,经营权限更大,甚至还有一定的决策权力,是成为"敏捷型"组织的捷径。另外,这些事业部都能够实行独立的核算,并且自负盈亏,能较好地调动"职业经理人"的积极性。事业部制可以让领导者摆脱日常行政业务,集中精力考虑范围更广的总体战略决策,从而保证公司在战略上的正确性。

而对于事业合伙人来说,也可以看成是"事业"的"合伙人"。如图 1-14 所示为总部集权、事业部制和事业合伙人这三种常见管理机制的主要区别。

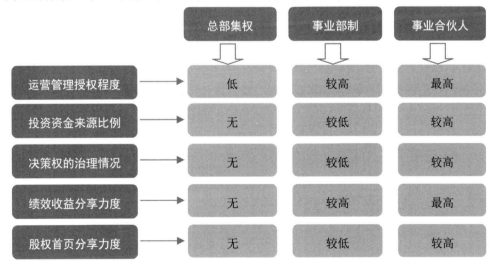

图 1-14 总部集权、事业部制和事业合伙人的主要区别

007　角色扮演：创业合伙人如何发挥作用

合伙人通常要扮演很多角色，如有的是公司员工，有的又是投资者，还有的变成了运营者，根据不同的角色定位来发挥自己的作用，以及享受不同的权益，如图 1-15 所示。

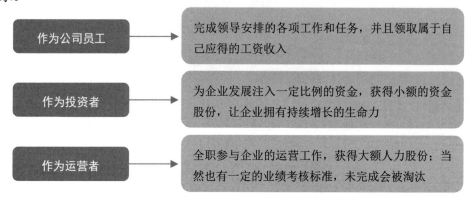

图 1-15　合伙人的不同角色扮演

在创业初期，各个合伙人千万不要将自己的角色弄混了，在进入之前一定要根据自己的实际情况做好自我定位，选择符合自己能力的角色，否则容易使公司走上歧途，带来很多不必要的风险。

008　建立机制：打造高效的合伙人激励体系

以人为本是合伙人机制的核心所在，创业成功的核心还是人才，如何让人才为我所用，这是每个创始人需要重点考虑的事情。其实，我们完全可以通过合伙人制的机制，来建立一套行之有效的人才激励体系。

合伙人制可以帮助企业吸引和留住人才，激发核心团队的创业激情，让他们始终保持活力，以更好更快地实现目标。合伙人激励体系的架构模型如图 1-16 所示。

> **专家提醒**
>
> 合伙人管理委员会的核心功能如下。
> (1) 负责合伙人的选举，筛选新增合伙人。
> (2) 负责奖金红利的分配，并执行具体工作。

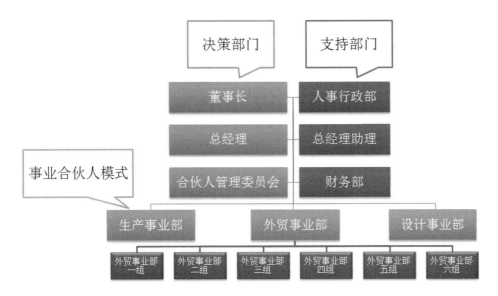

图 1-16　合伙人激励体系的架构模型

009　老板电器：开放经营权高管个个当老板

杭州老板电器股份有限公司是一家经过 38 年市场检验的专业厨房电器生产企业，打造出"老板厨房电器"这一中国家庭熟悉与喜爱的著名品牌，如图 1-17 所示。在"以客户为中心"的理念指导下，老板电器实现了从"经营产品"到"经营用户"的转变。

图 1-17　老板电器官网

老板电器早在 2014 年就开始推行"千人合伙人计划"，鼓励核心高管或骨干员工出资参股，实现企业内部创业。老板电器通过改变自身的经营体制，将原本独家个体经营的一级代理分公司转变为股份经营模式，让高管获得公司股份，从而实现利益共享、风险共担的管理模式。

专家提醒

合伙人制度的三大要素如下。
(1) 找到合适的合伙人。
(2) 建立有效的合伙人机制。
(3) 打造开放的企业文化氛围。

老板电器合伙人模式可以分为两个部分，如图 1-18 所示。同时，老板电器还推出了很多股份激励策略，对代理人制度进行革新，从而实现全员利益共享的目标，通过管控、股权激励与事实上的事业合伙人制度，打造高效营销体系。

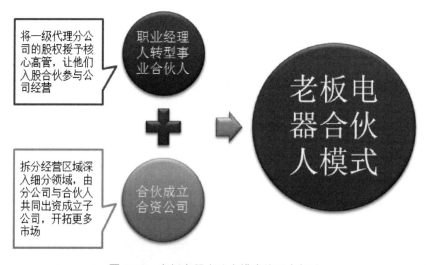

图 1-18　老板电器合伙人模式的两个部分

专家提醒

老板电器使用合伙人制替代传统的分公司、一级经销商等经营模式，区域一级经销商可以与老板电器合作成立子公司，经销商最高可以获得49%的股份份额。

010　万科集团：合伙人制解决企业部门分歧

万科企业股份有限公司成立于 1984 年，1988 年进入房地产行业，经过三十余年的发展，成为国内领先的房地产公司，目前主营业务包括房地产开发和物业服务，其官网如图 1-19 所示。

图 1-19　万科官网

万科早在 2014 年就启动事业合伙人持股计划，万科管理层及核心员工使用其部分经济利润奖金，设立券商资管计划，来投资万科 A 股股票，具体策略如图 1-20 所示。万科的合伙人制有效地解决了企业各部门之间的意见分歧，使彼此间有了共同的利益和目标，一起促进企业的发展。

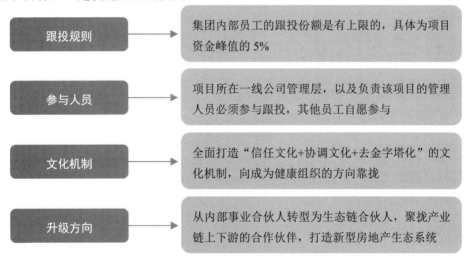

图 1-20　万科集团的合伙人制策略

011　阿里巴巴：合伙人享有表决力和影响力

2014 年 9 月 19 日晚间，阿里巴巴在纽约证券交易所正式上市，第一天便融资 250 亿美元，创下了全球 IPO(Initial Public Offerings，首次公开募股)纪录。阿里巴巴的业务范围非常广泛，以电商为主衍生出一系列商业生态系统，如图 1-21 所示。阿里巴巴的主要业务和关联公司的业务包括淘宝网、天猫、聚划算、全球速卖通、阿里巴巴国际交易市场、1688、阿里妈妈、阿里云、蚂蚁金服、菜鸟网络等。

图 1-21　阿里巴巴官网

合伙人制度是阿里巴巴公司的经营特色，而且合伙人团队拥有很大的表决权，可以提名决定大部分董事会成员，而不是根据股份的多少来分配董事席位。马云曾在邮件中表示："阿里巴巴合伙人既是公司的运营者、业务的建设者、文化的传承者，同时又是公司股东。"当然，想要成为阿里巴巴的合伙人，必须满足一些基本条件，如图 1-22 所示。

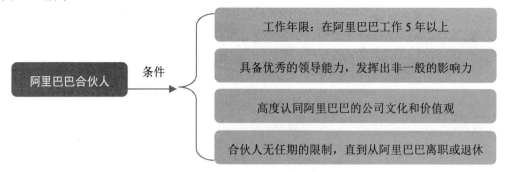

图 1-22　阿里巴巴合伙人的基本条件

在马云的主导下，阿里巴巴确立了合伙人制度。阿里巴巴在初创时，有 18 个创始人，但他们并没有全部成为阿里巴巴合伙人，只有马云(阿里巴巴集团董事局主席)、蔡崇信(执行副主席)、彭蕾(资深副总裁)等 7 人。合伙人制度对于阿里巴巴的重要意义在于解决战略董事会和控制权之争,如图 1-23 所示。

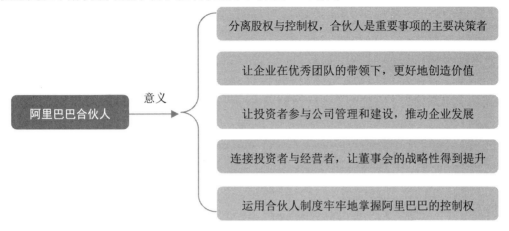

图 1-23　合伙人制度对于阿里巴巴的重要意义

阿里巴巴的合伙人制度主旨是通过一定的管理制度安排来掌握公司的控制权,摆脱外资的控制,以此保证核心创始人和管理层的有效权利。同时,马云通过持续的股份转让,让支付宝脱离阿里巴巴的控制,最终成为一家内资公司。2017 年 2 月 24 日,阿里巴巴集团宣布新增四位合伙人,至此,阿里巴巴的合伙人共有 36 人。如图 1-24 所示为阿里巴巴合伙人制度的基本结构。

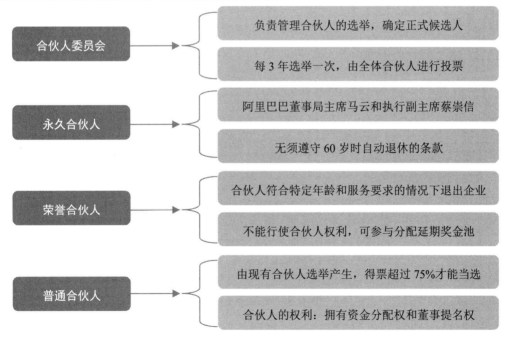

图 1-24　阿里巴巴合伙人制度的基本结构

012　华为模式：员工代表会制度和获取分享制

华为是信息与通信技术(Information and Communication Technology，ICT)解决方案供应商，专注于 ICT 领域，在电信运营商、企业、终端和云计算等领域构筑了端到端的解决方案优势。多样化的股份激励模式，让华为有了如今的辉煌成绩，如图 1-25 所示。

图 1-25　华为官网

1. 员工代表会制度

早在 1995 年，华为技术有限公司主要创始人、总裁任正非就开始在公司内部尝试股权激励策略，向员工发行内部股票，不断改进股权分配方式，如股份期权、在职分红、超额分红等，最终打造出完善的全员经营体系，如图 1-26 所示。

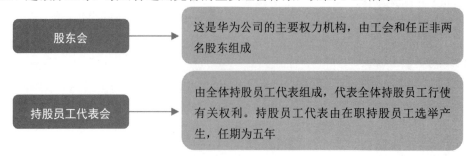

图 1-26　员工代表会制度

员工将自己的工资、存款甚至通过借贷资金兑换成公司股份，保证了公司日常运作的现金流，同时通过团队的努力工作，创造出更多的高额利润，增加自己的收入。

同时，这种合伙人制度也让华为无须再从银行或外界去融资，而且也不用上市，更不会受到资金链现金流的制约。

2. 获取分享制

在管理机制方面，华为采用了一种相对于"授予制"而言的合伙人制度，并取名为"获取分享制"，如图1-27所示。

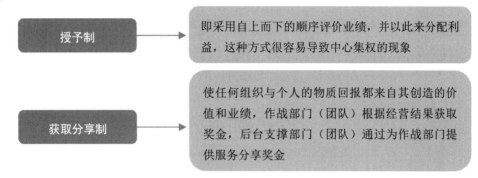

图1-27 "授予制"和"获取分享制"

任正非高度评价了"获取分享制"的效果："这两年人力资源贡献很大，提出来一个'获取分享制'。你赚到钱，交一点给我，你才能分享，你赚不到钱活该饿肚子。获取分享制一出现，这两年利润增长很快，大家的积极性和干劲也起来了。"

"获取分享制"的高级表现形式为：通过让员工持有股票，使员工享有剩余索取权的利益分享机制，以及拥有经营决策权的参与机制。任正非说："我们强调项目奖、过程奖、及时奖。比如应有50%幅度的过程奖在年终前发完，没有发完的，到年终就不发了，不给你了，这样逼各部门得及时奖。"

华为在这种合伙人制度下，将员工的个人利益和对公司的贡献深度捆绑在一起，员工可以从自己创造的价值中获得更多物质奖励，他们创造的价值越大，获得的奖励就会越多，这种直接奖励的激励效果非常明显。

专家提醒

在"获取分享制"的基础上，华为采取"分灶吃饭"和战略投入相结合的方式来管理多业务群(BG，business group的缩写，一般译为"业务组""业务单元"或"事业群")的人力资源计划，实现财务、战略、HR的充分协同。

013 永辉超市：内部员工的合伙人创新机制

永辉超市是中国500强企业之一，生鲜经营是永辉超市的最大特色，而且在上游供应链中也有独到之处,坚持所有生鲜商品自己直营,如图 1-28 所示。同时,永辉超市通过密集布点、频繁配货的方式,提高配送效率,降低物流成本。

图 1-28　永辉超市官网

零售行业干的通常都是粗活累活,而且工资收入也偏低,人员流动性非常高。针对这些问题,永辉超市推出了限制性股票激励计划,以股权绑定核心员工利益,给一线员工们注入了强大的活力和旺盛的斗志。永辉超市针对内部员工创新的合伙人机制,针对员工创造的利润制定了一个标准,只要超过这个标准即可得到相应的提成,甚至部分店铺会与员工分享所有的利润,如图 1-29 所示。

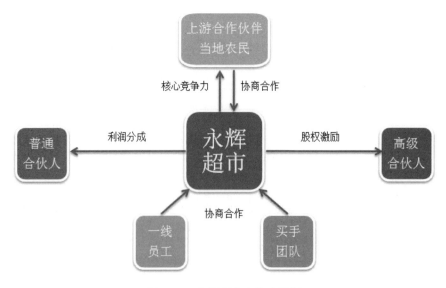

图 1-29　永辉超市合伙人机制

014　高盛集团：揭秘百年投行的合伙人制度

高盛集团(Goldman Sachs)是一家国际投资银行，向全球提供广泛的投资、咨询和金融服务，拥有大量多行业的客户，包括私营公司、金融企业、政府机构以及个人等。通过合伙人机制，让高盛成功集结了大量的业内精英人才，同时构建了稳定有效的管理体系，如图 1-30 所示。

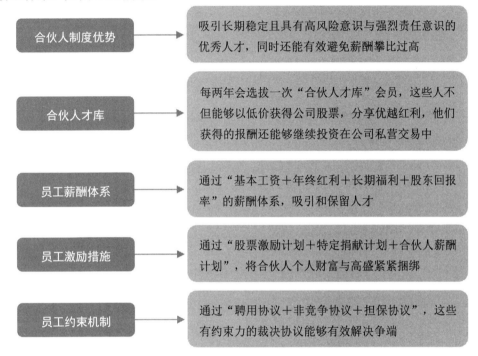

图 1-30　高盛合伙人机制分析

成为高盛合伙人，不仅可以收获丰厚的薪水，而且还可以分享丰厚的奖金。一般情况下，合伙人的年薪都在 100 万美元以上，同时还能获得股票、期权以及额外的丰厚附带福利。

专家提醒

高盛在选拔人才时，非常重视"精英文化"，有严格的筛选流程。员工加入高盛后，通常是从最普通的分析员做起，经过层层发展，最终做到合伙人，打造一条让员工备受激励的职业发展通道。

第 2 章

11 个方法，玩转股权分配创业新玩法

初创企业在制定合伙人机制时，必须选择合理的股权分配方式，以保证每个合伙人的既得利益，避免矛盾的产生，从而导致合伙失败。

本章主要介绍股权分配的多种方式，包括两人合伙、夫妻股东、三人合伙、多人合伙以及员工股权等，同时还介绍了多重激励、股权架构、限制条款和注意事项等，帮助大家合理合规地分配企业股权。

015 合伙创业，首先确定公司创始人

在开始合伙创业之前，首先要选择一个最为合适的创始人，并确定好他的个人身价。创始人是承担企业责任和风险的人，判断方法也非常简单，那就是这个人通常是"只干活不拿钱"。例如，苹果的创始人包括史蒂夫·乔布斯(Steve Jobs)、斯蒂夫·沃兹尼亚克(Stephen Gary Wozniak)和罗·韦恩(Ron Wayne)3人，他们在起始阶段的股权比例分别为 45%、45%、10%。确定好企业创始人的身份后，接下来还需要确定他们的身价，这决定了他们具体能够获得多少股权。创始人股权分配的计算方法如图 2-1 所示。

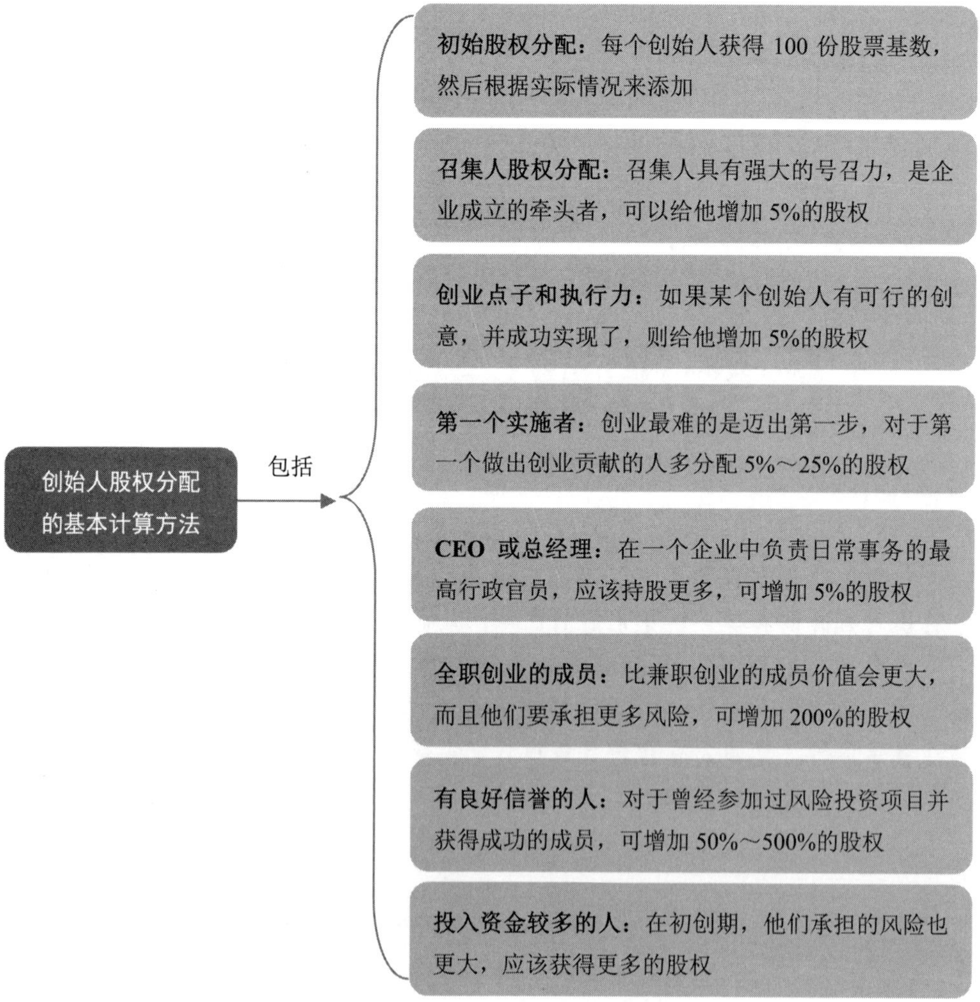

创始人股权分配的基本计算方法 包括：

- **初始股权分配**：每个创始人获得 100 份股票基数，然后根据实际情况来添加
- **召集人股权分配**：召集人具有强大的号召力，是企业成立的牵头者，可以给他增加 5% 的股权
- **创业点子和执行力**：如果某个创始人有可行的创意，并成功实现了，则给他增加 5% 的股权
- **第一个实施者**：创业最难的是迈出第一步，对于第一个做出创业贡献的人多分配 5%~25% 的股权
- **CEO 或总经理**：在一个企业中负责日常事务的最高行政官员，应该持股更多，可增加 5% 的股权
- **全职创业的成员**：比兼职创业的成员价值会更大，而且他们要承担更多风险，可增加 200% 的股权
- **有良好信誉的人**：对于曾经参加过风险投资项目并获得成功的成员，可增加 50%~500% 的股权
- **投入资金较多的人**：在初创期，他们承担的风险也更大，应该获得更多的股权

图 2-1 创始人股权分配的计算方法

根据以上原则来分配创始人的股权，最后综合这些因素进行计算即可。例如，某个公司 3 个创始人最终分得的股份为：创始人 A 分得 300 股，创始人 B 分得 200 股，创始人 C 分得 500 股，则他们的总股份为 300＋200＋500＝1000 份，则可以计算出他们的持股比例为 30%∶20%∶50%。

016　合理分配，股权分配的基本原则

确保公司或项目的长久运营是股权分配的核心原则，所有分配方式都以这个原则作为出发点。如图 2-2 所示为股权分配的基本原则。

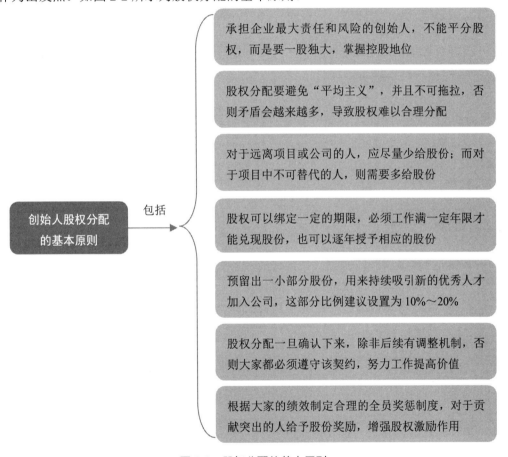

图 2-2　股权分配的基本原则

股权分配必须做到利益平衡，也就是说投资的风险和收益一定要均衡，付出越多的人，风险越大，获得收益应该越多。同时，股权分配还需要做到阶段平衡，不仅要保证现阶段的公平分配，同时还要留下一定的调整空间，保持足够的灵活性。例如，奇虎 360 的股权激励池就达到了 40%，华为更是达到了惊人的 98.6%，任正非仅持股

1.4%，但依然是华为的最大股东，而且是唯一个人股东，拥有绝对的企业管理决策权。比较合理的股权分配结构如图2-3所示。

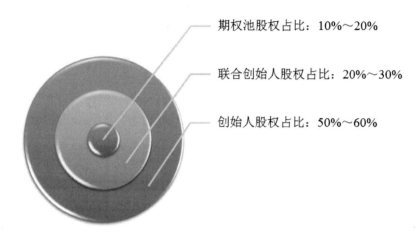

图2-3　比较合理的股权分配结构

017　两人合伙：寻找稳健的合作方式

在创建企业时，两人合伙是常见的现象，这种合伙模式的股权分配方式也比较容易，具体方法如下。

(1) 根据个人能力分配股权。 倘若两个人都是全职工作，在个人能力方面，建议错开搭配，可以"一强一弱"，这样能力强的人股权比例高一些，能力差的人股权比例则低一些。

(2) 根据分工方式分配股权。 公司的内外分工也有很大的区别：对于全职在内工作的人来说，即使投资小，但占股比例可以更大；对于在外不全职工作的人，或者只投资不加入公司运营的人来说，即使投钱多，也只能分配小额股份。

(3) 根据发起人分配股权。 企业发起人通常也是带头人，按道理来说要给予更多股份。但也有一些特殊情况，发起人只是召集者，并不全职参与公司运营，而合伙人则全职工作，这种情况也有以下两种分配方法。

方法一：发起人转变为投资人，分配小额股份。

方法二：如果发起人不甘心自己花了这么多钱却只占到"小股"，还可以通过商定分红的方式来分配利润，需要考虑工资、奖金、分红等方面的收入，让做贡献更多的人能够多分配一些股权，保证合伙人之间的利益均衡。

(4) 根据投资金额分配股权。 很多时候，两人合伙会直接按照彼此的投资金额来分配股权，这种方式最为简单，但仍然需要根据实际情况进行评估和计算，以满足合理分配的原则。

- 案例说明：例如，某个公司预计总投资额为 1000 万元，合伙人 A 投入 200 万元，且全职工作，分配 20%的股份；合伙人 B 投入 800 万元，但他没有全职加入，却占了 80%的股份。这种情况对于合伙人 A 来说，显然是不合理的，他很难全身心地投入工作中，这样对于企业发展非常不利。
- 解决方案：如果合伙人 A 是企业发起人，建议根据他的贡献和作用，适当提高股权比例，可以设置为 80%，而合伙人 B 可以设置为 20%，或者采用 7(67%)：3(33%)的方式，这种分配方式的决策者非常清晰，可以对企业做出快速有效的决策，更利于公司的发展。

总之，两人合伙创业时，创始人一定要保证分配到绝对的决策权，这样才能让创业项目获得安全、稳健的发展。同时，两人合伙还需要规避一些错误的股权分配方式，相关示例如图 2-4 所示。

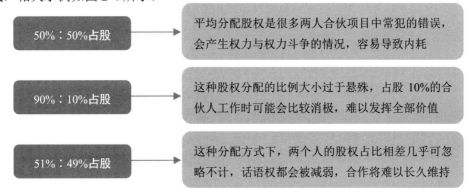

图 2-4　错误的两人合伙股权分配方式

018　夫妻股东：天然的就是 50：50

夫妻合伙是一种比较常见和特殊的两人合伙形式，虽然表面上看是两个人，但本质上他们都属于同一个家庭，这等于说风险和责任还是由自己来承担。这种情况下，两个人都会更加努力地工作，两个人可能都会比较强势，因此一旦产生分歧，就很容易爆发冲突。

在现实生活中，夫妻联手创业的案例非常多，而且这些夫妻双方都拥有一定的个人能力，如果能够相互弥补，这当然是最好不过的。比如，丈夫专做产品、技术类的事务，妻子则主要负责企业的人事管理，那么彼此的冲突范围就会非常小。

股权的多少本质上体现了权力的大小，夫妻的股权都属于家庭的共同财产。如果对于权力的分配非常模糊，那么创业失败甚至感情破裂，也是常见的结果。因此，夫妻合伙创业一定要学会将生活和工作区分开来，在决策与经营中能够取长补短，消除片面性与情绪化所造成的失误。

夫妻合伙股权分配最天然的比例就是 50%∶50%。夫妻之间权利与义务是共同体关系，彼此地位平等，对企业财产拥有共同的所有权和处理权。但是，我们可以把分红权和表决权分离开来，具体方法如图 2-5 所示。

图 2-5　夫妻股东的股权分配方式

例如，如果这个项目是由丈夫发起的，则可以把全部的分红权都让给妻子，家里的事由妻子管理；而自己掌握所有的表决权，企业的管理由丈夫全权负责，双方互不干涉。

> **专家提醒**
>
> 　　另外，建议随着企业的规模发展，夫妻中的一人可以慢慢退出公司的管理，毕竟事业不是一个人的全部，能兼顾家庭和事业的人才是真正有智慧的创业者。例如，马云和妻子张瑛是大学同学，他们在毕业后就马上结婚了。1999 年，张瑛随马云等 18 人团队创建阿里巴巴，曾任阿里巴巴总经理。在阿里巴巴拥有了超过 2300 亿美元的市值，并囊括雅虎、淘宝、支付宝后，马云将妻子劝离了总经理的岗位，回家做起了全职太太，此后的张瑛便安心惬意地在家相夫教子。

019　三人合伙：实现长期共赢为目标

俗话说"三人成虎"，三人合伙共同创业可以发挥巨大的力量，其主要优势如图 2-6 所示。

图 2-6 三人合伙的优势

在三人合伙的机制下,建议最大股东拥有的股权比例要超过另外两个人的股权之和,如图 2-7 所示。三人合伙其实也有很多弊端,不仅需要分摊更多的利润,而且意见难以一致,彼此之间容易猜忌,下决定也会更慢一些。

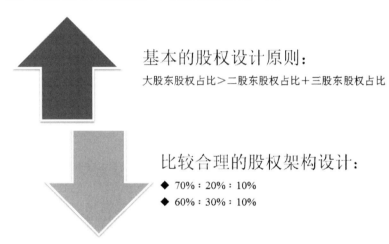

图 2-7 三人合伙股东的股权分配方式

专家提醒

尤其是在自私、贪婪的人性驱使下,小股东可能会出于自身利益去干扰大股东的经营管理。苹果公司就是一个三人合伙创建的公司,其中创始人史蒂夫·乔布斯是一个不折不扣的天才,但即便是这样厉害的人物,也因为缺乏团队合作意识,一度被赶出自己创立的苹果公司。因此,三人合伙时一定要保护好带头创始人,让他得到应有的尊重,这样才能实现长期共赢。

另外,还有一种比较常见的特殊分配方式,那就是 33.4%:33.3%:33.3%的平均分配方法,这种股权比例非常容易出现矛盾。通常是以资金投资比例来分配的,没有考虑到全职工作的情况,就简单地认为大家都出一样多的钱,拿同样的利润。当然,有的人会对公司特别上心，而有的人则会偷懒，此时做事多的人自然会心生芥蒂，甚至会产生法律纠纷。因此，三人合伙时还应该注意下面这些股权分配方式，如图2-8所示，尽量避免矛盾的产生。

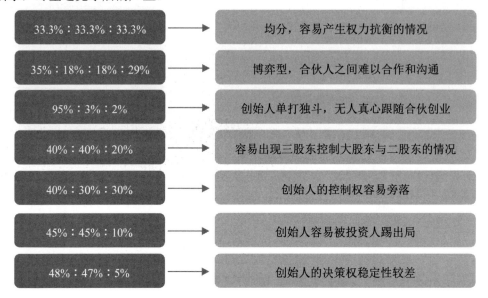

图2-8　三人合伙需要避免的股权设计结构

020　多人合伙：做出更加合理的决策

当创业合伙人数超过3人时，比较常见的多人合伙有四人合伙和五人合伙，不管是多少个合伙人，创始人必须有一票否决权，这是一种强有力的保住公司实际控制权的方式。如果其他合伙人的股份总和大于创始人的占比，那么创始人在做决策时就需要慎重考虑他们的共同意见，以保持决策的合理性。

在多人合伙创业时，平均分配股权的方式是最不应该出现的，这样看上去虽然是人人都有一样的股份，但实际上大家都没有权力，谁也做不了主，这样的公司就像是一只无头苍蝇，找不到方向。下面以五个人合伙为例，介绍几种常见的股权比例设计方式，如图2-9所示。

专家提醒

对于创始人来说，控制一家企业非常重要，如阿里巴巴的马云、京东的刘强东、百度的李彦宏，他们从进公司到今天，一直都在公司，而且是公司核心的灵魂人物，牢牢把握着控制权，带领着公司向前发展。

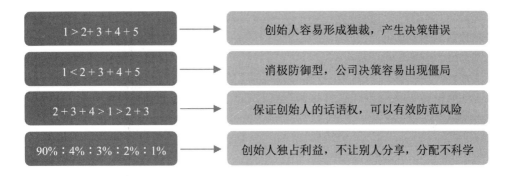

图 2-9　五人合伙常见的股权比例设计方式

另外，对于初创企业来说，还可以采用"54321"的股权分配方式，具体方案如图 2-10 所示。

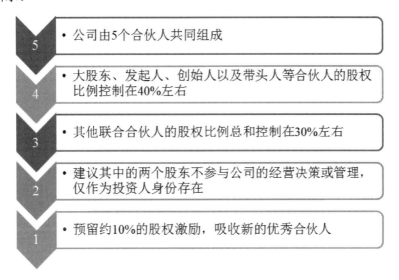

图 2-10　"54321"的股权分配方式

企业创始人应该善待早期的创业伙伴，尽早设计科学合理的股权架构，适时、适当地进行最初阶段的股权分配。约定好初步的股权分配方式之后，还要确定好增资、退出等的股权变更协定，最好从一开始就写在纸面上，以免日后引起麻烦。

021　员工股权：设定合理的股权比例

建立公司后，创始人首先要招聘员工，其核心就是需要有"员工心态"，这样才便于打造公司的未来。在创业初期，有些创始人也会发展一些优秀员工作为合伙人，给予他们一定的股权激励，这样做的弊端如图 2-11 所示。

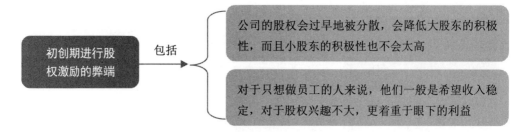

图 2-11 初创期进行股权激励的弊端

因此,创始人或带头人在准备给员工分配股权时,也不要拿出太多的份额,建议为 5%~15%。在给员工分配股权时,他们最好能满足一些条件,如图 2-12 所示为股权分配对象的一些参考因素。

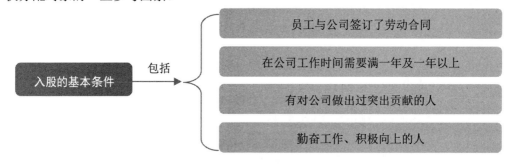

图 2-12 员工入股的基本条件示例

对于员工内部持股的股份性质,也可以根据自己公司的实际情况做一些特殊的要求。如图 2-13 所示为员工股权分配的一些股份性质说明。

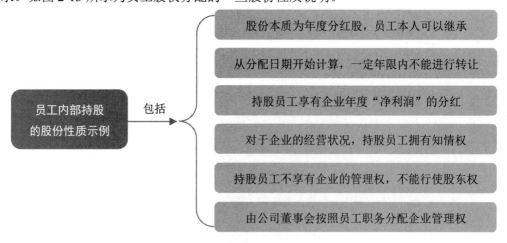

图 2-13 员工内部持股的股份性质示例

022 多重激励：股权与分红权的分离

企业创始人可以针对不同合伙人或员工的特点进行多重激励，让大家各有所得。多重激励的主要手段如图 2-14 所示。

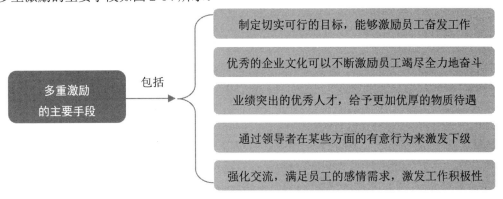

图 2-14 多重激励的主要手段

另外，还可以通过分离股权与分红权的方式进行多重激励，甚至还可以分离表决权，对于善于管理的人给予他们更多股权，想赚钱的人则给予他们更多分红权，基本原则如图 2-15 所示。

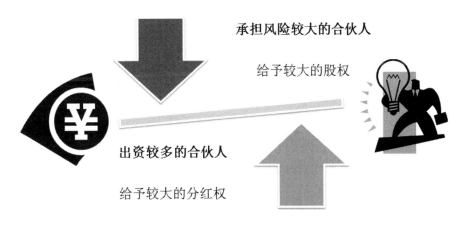

图 2-15 股权与分红权的分离原则

023 股权架构：商业模式和合伙团队

如果合伙人的创业能力非常强，而且创业积极性也很高，同时与企业有了很好的磨合度，此时就会牵涉股权架构的设计问题，应将利益分配谈清楚，避免以后产生矛盾。股权架构的基本设计原则如图 2-16 所示。

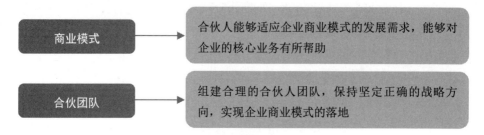

图 2-16　股权架构的基本设计原则

例如，"罗辑思维"是一个知识服务商和运营商，主讲人是罗振宇，在大家眼中，他应该是一个大股东，但实际上并非如此。如图 2-17 所示为"罗辑思维"的初始股权架构。

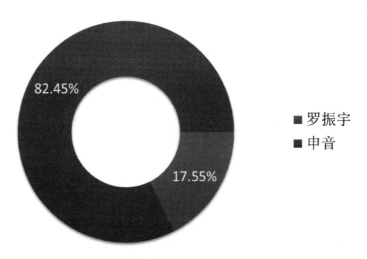

图 2-17　"罗辑思维"的初始股权架构

这种悬殊的股权架构，导致利益分配的问题，"罗辑思维"的两大合伙人最终"分手"了，很多人都在替这档节目的"当家花旦"罗振宇抱不平。

> **专家提醒**
>
> 股权架构设计不合理，会导致以下很多问题。
> - 实际创始人股权少，劳心劳力得不到应有利益，会心理不平衡。
> - 投资机会对公司会望而生畏，难以获得融资。
> - 股权没有预留利益空间，难以吸引新的优秀合伙人加入。
>
> 因此，初创企业一定要长远考虑股权架构的设计，对合作各方形成有效激励。

024 限制条款：做好股权协议的约定

拥有股权的合伙人在企业内部会得到更多权力和信息，如果他们为了自身利益，而做出出卖企业利益的事情，如泄露企业的商业机密，或者将企业的知识产权高价卖给别人，以及拿走企业资源另立门户等，这些都会给企业造成很大的损失。

因此，出于对创业企业的保护，以及更好地维护其他合伙人的利益，一定要在股权协议中约定好相关的限制条款，相关范本规则如图 2-18 所示。

第11条 全职工作、竞业禁止与禁止劝诱

（1） 全职工作

各方承诺，自本协议签署之日起将其全部精力投入公司经营、管理中，并结束其他劳动关系或工作关系。

（2） 竞业禁止

各方承诺，其在公司任职期间及自离职起 2 年内，非经公司书面同意，不得到与公司有竞争关系的其他用人单位任职，或者自己参与、经营、投资与公司有竞争关系的企业（投资于在境内外资本市场的上市公司且投资额不超过该上市公司股本总额 5 %的除外）。

（3） 禁止劝诱

各方承诺，非经公司书面同意，买方不会直接或间接聘用公司的员工，并促使其关联方不会从事前述行为。

图 2-18 股权协议中的限制条款范本

025 注意大坑：股权架构存在的问题

对于创业企业来说，合理的股权结构设计对公司的发展有着举足轻重的影响。因为一旦确定了股权结构，尤其是在工商管理机关进行了登记，便很难再修改了。因此，初创企业在做股权结构设计时，一开始就必须做到位。

一旦企业的股权架构出现问题，可能会产生一系列不良后果，可能会造成团队的分裂，导致创业失败。下面总结了一些股权分配常见的大坑。

- 平均分配股权。
- 企业的带头人不清晰。
- 公司自然人股东非常多。
- 没有预留部分股权和期权。
- 企业大量股份被外部投资人控制。
- 股权池中的资金股份占比非常高。

- 股权架构完全按照出资比例来分配。
- 将大部分企业股权分配给非全职人员。
- 企业内部全都是员工，不存在合伙人。
- 过于重视资金的重要性，而忽略人才。
- 创始人没有给自己制定合理的退出机制。
- 股权协议中没有约定好配偶股权的退出机制。
- 股权协议中没有约定好继承股权的退出机制。
- 创始人给合伙人制定了不公平的强制性的退出机制。

总之，股权分配的重点在于平衡"人"和"钱"，如果在初创期股权架构就出现问题，那么随着公司的发展，这些问题会不断被放大，越往后越难治理，常见的后果如图 2-19 所示。

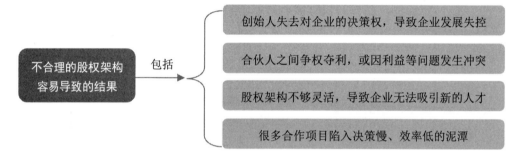

图 2-19　不合理的股权架构容易导致的结果

因此，初创企业在设计股权架构时，一定要考虑下面这些因素，如图 2-20 所示，以便为今后的发展打下坚实的基础。

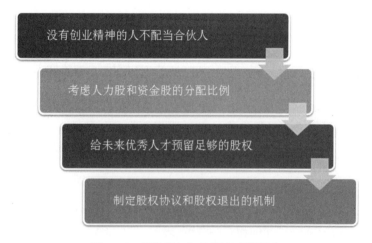

图 2-20　设计股权架构要考虑的因素

第 3 章

14 个技巧，打造出高潜力的创业团队

要想创业成功，必须有一支能战斗的队伍，也就是拥有一支一流的创业团队，只有大家齐心协力、团结一致，才能让团队爆发出最强的战斗力，才能更接近成功。

在合伙人时代，寻找有潜力的合伙团队共同创业成为一种不可逆转的时代潮流，与同伴一起相互帮助，成就彼此，这样企业才能走得更远。

026 合伙创业：选择和成立一个正确的团队

俗话说"三个臭皮匠，赛过诸葛亮"，合伙创业不仅能够拓展我们的人脉资源，还能够相互扶持，开启财富之路。合伙创业首先要选择合适的合伙人，成立一个正确的创业团队，这样团队才能够帮助自己完成大部分的工作，让自己腾出时间来思考企业的发展战略，不至于被烦琐的工作所拖累。下面介绍挑选创业合伙人、搭建创业团队的基本方法和流程。

1. 寻找合伙人

对于刚开始创业、没有什么人脉资源的创业者来说，可以在自己的熟人圈子中找合伙人，如亲戚、朋友、同学、同事或者夫妻搭伙创业。这些人都是我们认识和熟悉的人，交流起来也不会尴尬，彼此更容易产生信任感。

当然，如果熟人圈中确实没有合适的合伙人，也可以去网络上寻找。现在的网络非常发达，创业者可以将自己的创业想法发布到网络上，寻找志同道合的人共同创业，如图3-1所示。

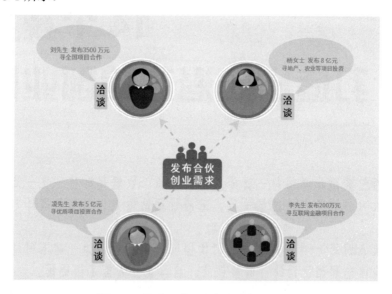

图 3-1　通过互联网发布合伙创业需求

创业选择合伙人时，还需要遵守一些基本的原则。

(1) 重诺守信：诚实守信，表里如一，言行一致，以能履行跟人约定的事而取得信任。

(2) 志同道合：合伙人之间彼此志向、志趣相同，理想、信念契合，与"门当户对"的道理相似。

(3) 优势互补：企业需要广泛地依靠各种类型的人才，让他们各自发挥自身所长，做到优势互补，这样才能凝聚最强的团队战斗力。

(4) 德才并重：品德教育应与文化教育并重发展，以德为先；情感与理智并重修炼，全面提升。

2. 设定合伙协议

创始人可以预先制定一个合理的合伙协议，在寻找合伙人时将该协议给他们看，以保证他们的利益，以及解决后期合作过程中可能产生的争议或问题。

3. 加强合作关系

既然是合伙创业，那么今后可能会经常在一起工作，因此合伙人之间一定要打造良好的关系，让合作更加融洽，具体方法如图 3-2 所示。

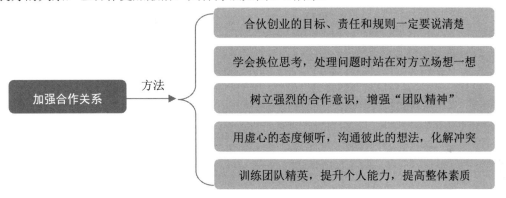

图 3-2 加强团队合作关系的基本方法

专家提醒

企业还需要通过一定手段，使团队合伙人的需要和愿望得到满足，以调动他们的积极性，使其主动自发地把个人的潜力发挥出来，从而确保既定目标的实现。

027 内部创业：满足员工创业欲望激发活力

内部创业是大型企业常用的招数，如腾讯的微信、阿里巴巴的蚂蚁金服、华为的荣耀等，都是内部创业的经典成功案例。

例如，雷神科技是由 3 个年轻的合伙人创建的，主打产品为雷神游戏笔记本，从 2014 年开始创业，创业第三年其营收就突破了 10 亿元，如图 3-3 所示。从雷神科技的股权结构中可以看到，海尔集团是其最大的股东，持股 37.97%，雷神也因此成为海尔的内部创业子品牌。

图3-3 雷神科技官网

因此,中小企业也可以通过内部创业的形式,增加员工的创业激情和动力。在内部创业制度中,企业可以为那些有创新思想和干劲的内部员工,以及外部创客,提供自己的平台和资源,彼此通过股权、分红的形式来合伙创业,让员工的创意变成商业价值,并且与母公司共同分享创业成果。

028 六大模式:实现裂变式的内部创业发展

通常,优秀的企业内部必定会有一群优秀的员工来支撑企业的运营和带动企业的发展。当他们由于企业规模的限制遭遇发展瓶颈的时候,可能会选择跳槽,此时企业就会遭遇人才流失的困局。面对这种情况,企业其实可以为优秀员工提供内部创业的机会,实现他们真正的人生价值。如图3-4所示为内部创业的优势。

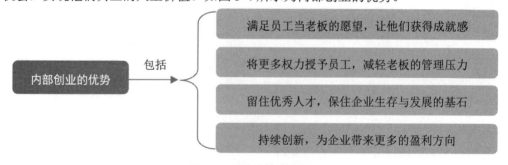

图3-4 内部创业的好处

既然内部创业对于企业来说有这么多好处,那么具体该如何做呢?笔者总结了6种常见的模式,如图3-5所示,为大家提供参考思路。

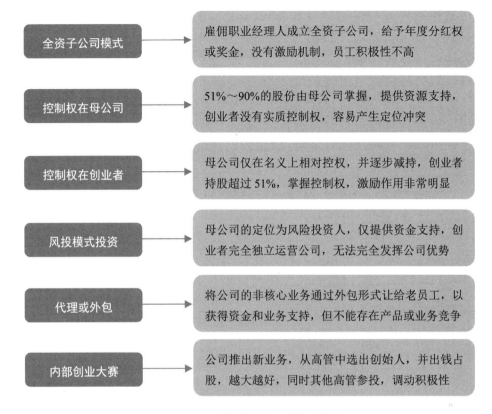

图 3-5　内部创业的 6 种常见模式

内部创业可以绑定人才和企业的利益，解决人才流失问题，同时还能扩大企业规模，把员工变成合伙人，运用"股权"裂变让一家公司裂变出多家公司。

> **专家提醒**
>
> 内部创业可以让员工变成股东，成为公司的主人，让他们产生更强烈的安全感、责任感和使命感，从而主动为公司的发展出力。

029　筛选伙伴：如何找到可靠的合作伙伴

一个人单干的创业者并不受青睐，不如试着找几个靠谱的帮手，让团队看起来更加多元化，以增强团队的实力。那么，如何才能找到可靠的合作伙伴呢？

(1) 明确创业目标。只有清楚自己为什么创业，创业的意义在哪里，才能够了解自己需要什么样的合伙人。

(2) 制定创业计划书。根据创业目标和合伙人定位，来完善创业计划书的内容，寻找能够帮助自己完成创业项目的合适的合伙人。

(3) 扩展更多的人脉。 只有认识足够多的人，扩大自己的交际圈，才有可能发现更多的人才，从中找到志趣相投的合伙人的机会也会越多。合作伙伴是有商业往来的人，是交换利益的人，这种人脉关系，如果还有共同的价值观和原则，将会促进企业的发展。

(4) 发布合作招募信息。 自己创业找合伙人，需要将自己的项目发布出去，并进行广泛宣传，让更多的人看到你的项目，吸引人才关注。创业者可以通过 58 同城、合作百姓网等互联网工具来发布自己的合作伙伴招募信息，如图 3-6 所示。

图 3-6　通过 58 同城发布合作伙伴招募信息

除此之外，创业者还可以通过各种自媒体渠道高效挖掘合伙人，如微信公众号、今日头条、百家号等，这些平台聚集的人流非常大，可以找到很多有相同兴趣和爱好的人才。如图 3-7 所示为通过微信公众号发布的商业合作信息。

(5) 找到第一批合伙人。 在创业之前或者初创期，可以先从身边的亲朋好友中筛选一些合适的合伙人，他们彼此都很了解，合作起来也会更有默契，办事效率会更高。另外，创业者还必须清楚自己有什么缺点，在找合伙人时尽可能找与自己互补的人才，打造互补性的团队，有利于创业项目的顺利发展，同时也可以锻炼和提升自己的能力。

(6) 建立合作方案。 合作方案一定要完整，简单介绍合作的项目，仔细阐明项目的宗旨，并且从具体的方面来讲述项目的内容、合作流程、资源投入、前景预估，以及项目能够给合作方带来的利益，从而找到认同项目的人才，让双方对于项目的未来充满信心，进一步促进合作的形成。

图 3-7 通过微信公众号发布合作信息

030 始立规矩：初创企业如何建立规章制度

资金、人员和项目方案都是创业者在初创期需要考虑的东西，但很多人过于注重这些因素，从而忽略规则制度的建立。在合伙创业的企业中，规章制度非常重要，否则难以约束其他合伙人的行为，具体原则如图 3-8 所示。

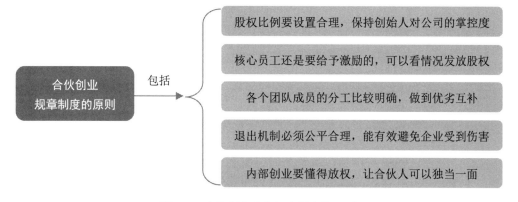

图 3-8 合伙创业建立规章制度的原则

选择创业，其实等于走上了一条艰辛的路，各种股东纷争的案例，会让创业者感到恐慌。因此，只有找到合适的合伙人，才能让你如虎添翼，只有建立完善的规章制度，才能让你更好地管理合伙人。管理合伙人的基本方法如图 3-9 所示。

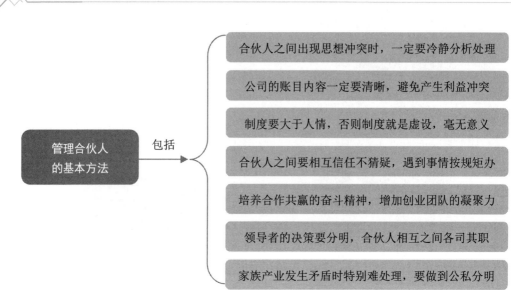

图 3-9 管理合伙人的基本方法

031 遵循标准：选择一个合适的联合创始人

创业者在成立公司前，还需要选择一个合适的联合创始人，共同做公司战略、产品开发、营销策略以及股权分配方面的决定。联合创始人的态度、眼光和格局，往往决定着创业项目的成败，如图 3-10 所示。

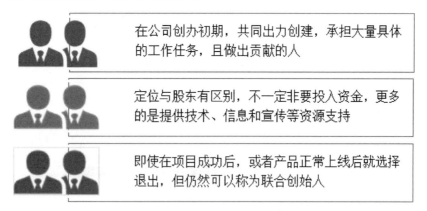

图 3-10 联合创始人的基本定义

联合创始人可以理解为发起人，对于公司来说非常重要，在选择时应遵循一定的标准，具体如图 3-11 所示。

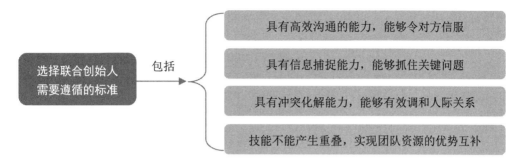

图 3-11　选择联合创始人需要遵循的标准

032　人本管理：小米如何形成独特粉丝文化

在生产力中，人是最活跃、最积极的因素，人本管理就是一种以人为本的管理制度和方式，是企业发展的灵魂，在合伙创业时也需要遵循该原则。

例如，小米公司在成立之初就提出了"为发烧而生"的产品理念，同时将其贯彻到企业运营中，让粉丝参与到产品的开发过程中来。小米的第一批粉丝就是小米米柚产品的志愿试用者。小米公司在智能设备方面也给人带来了惊喜，确实配得上它的产品理念"为发烧而生"，从而得到消费者的认可，让小米这个品牌渐渐成为主流，如图 3-12 所示。

图 3-12　小米官网

小米的成功离不开粉丝的支持，很多友商也注意到了这种独特的粉丝文化，于是手机厂商的各种粉就应运而生，如小米的粉丝叫"米粉"、华为的粉丝叫"花粉"、苹果的粉丝叫"果粉"、魅族的粉丝叫"煤油"、一加的粉丝叫"加油"、锤子的粉丝叫"锤友"。

小米这个品牌之所以能够发展到今天这样的规模，要归功于以人为本的管理方式和合伙人制度的运用，具体分析如图 3-13 所示。

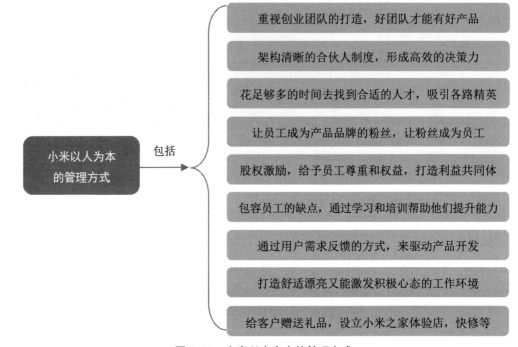

图 3-13　小米以人为本的管理方式

作为合伙企业创始人，不仅仅需要管理的智慧，还需要对未来有前瞻性，但最为重要的，还是以人为本的情怀和决心。

033　针对高管：有效达到留人与激励的目的

俗话说"人往高处走，水往低处流"，对于创业企业的人员管理来说，最担忧的莫过于高管跳槽，这往往会给企业造成巨大的损失。

损失一：企业招聘和培养高管都需要花费很长的时间，这段空白期可能会造成公司某块业务的搁置。

损失二：即使招聘了新的能够胜任工作任务的高管，但他对于企业文化的认同和归属，都需要一定的适应时间，此时企业可能面临潜在的损失和风险。

针对高管跳槽的问题，企业除了做一些被动防御措施，如增加薪资、岗位晋升以及提高人才跳槽壁垒等，还需要给予他们足够的信任和尊重，让员工有尊严地工作，而把高管变成合伙人就是一种常用的激励方式。

例如，恒大在股东特别大会上新增总股本 10%期权额度，实施期权奖励，将员工利益与股东利益捆绑，提升员工的黏合度和积极性。如图 3-14 所示为部分房地产企业的员工激励政策，让企业高管实现"当家做主"的目标。

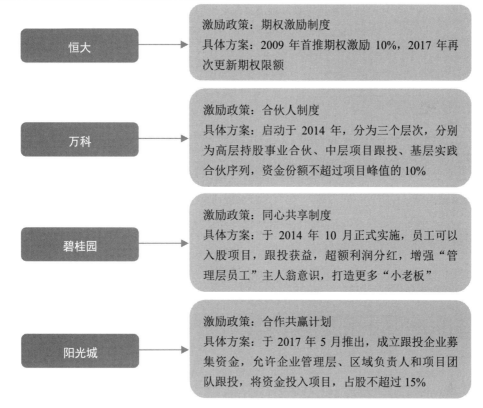

图 3-14　部分房地产企业的员工激励政策

034　绩效管理：刺激团队员工的工作积极性

在企业创建初期，通常会经历很多试错阶段，以此来找寻正确的战略定位，此阶段不宜进行绩效考核。另外，KPI(Key Performance Indicator，关键绩效指标)也不适合内部创业机制，因为这样会导致员工过多地关注 KPI，从而忽略了创新的发展，结果往往是贪小失大。

因此，对于内部创业的团队和员工，企业应该进行更加简单、轻松的绩效管理，刺激团队员工的工作积极性，让创业团队的工作得到有效贯彻，部门考核也可以做到有据可依，上下级之间实现充分互动。

例如，OKR(Objectives and Key Results，目标与关键成果法)是一种风靡硅谷各大公司的绩效管理制度，可以帮助员工将关注点放在真正重要的事情上：依据目标对绩效进行公正的校准，开诚布公地指导员工学会如何提高自己。OKR 与 KPI 的主要区别如图 3-15 所示。

OKR 依据项目进展来考核

1. 明确项目的目标，目标必须一致
2. 量化关键性结果，明确执行措施
3. 团队和个人共同努力，达成目标
4. 根据项目的进展情况，进行评估

1. 绩效诊断评估，确定绩效目标
2. 确定影响结果的关键性因素
3. 绩效测评分析，进行实时监督
4. 改善低绩效问题，实施绩效考核

KPI 强调人事的高效组织

图 3-15 OKR 与 KPI 的主要区别

专家提醒

OKR 是一种源自英特尔公司内部的工作方法，目的是帮助团队成员将精力聚焦到重要的目标上。

035 增强实力：为企业培养更多内部创业家

随着互联网的发展，打破了地域和时间的限制，市场越来越透明，各行各业的竞争也越来越激烈，企业稍有不慎就会被后来者超越，甚至被淘汰出局。为了增强企业的生命力，可以通过内部创业这种合伙人机制培养更多的内部创业家，培养员工的"企业家精神"。例如，美国 3M 公司为员工预留了 15% 的工作时间和公司资源，方便他们从事与内部创业相关的工作活动。

1. 内部创业的障碍

刚开始实行内部创业机制的企业，肯定会遇到各方面的障碍，如图 3-16 所示。企业需要尽可能避免内部创业者在创业的过程中走弯路，消除创业的障碍，帮助员工实现创业的梦想。

2. 内部创业的准备

当企业遇到发展困惑或瓶颈时，可以尝试鼓励员工进行内部创业，让他们独立负责管理支线产品或配套产品，也可以尝试让他独立发展全新的产品线或业务。那么，员工如何能在企业内部采取有效的创业行动呢？进行内部创业前，还需要企业和员工都做好充足的准备工作，具体事项如图 3-17 所示。

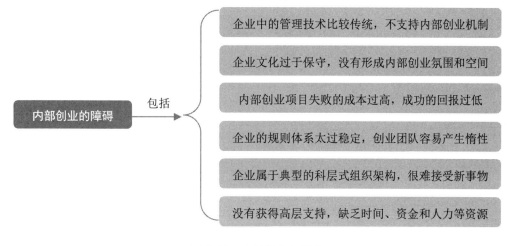

图 3-16　内部创业的障碍

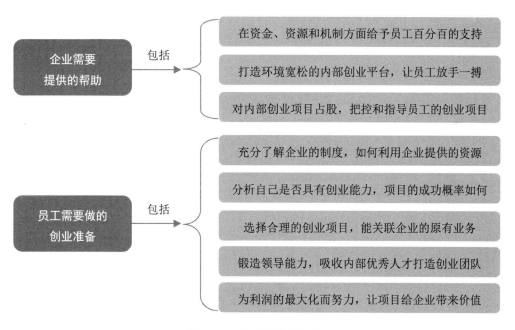

图 3-17　内部创业的准备

036　管理框架：让普通员工获得更多自主权

如果企业有鼓励员工进行内部创业的想法，最好组建一个部门专门来处理相关的事务，并打造一套行之有效的管理框架，给创业者提供更多的支持，让他们在创业过程中获得更多自主权，如图 3-18 所示。

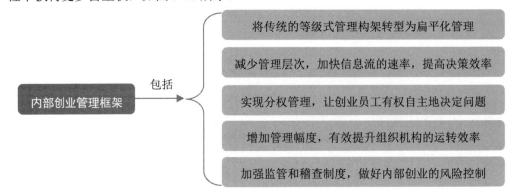

图 3-18　内部创业管理框架

037　职业经理人：转型变为内部创业合伙人

其实，职业经理人和事业合伙人是可以相互转换的，企业可以将优秀的职业经理人转变为内部创业合伙人，鼓励他们自由组合形成创业团队，使其更愿意为企业的发展做出贡献，如图 3-19 所示。

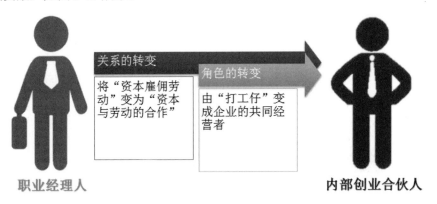

图 3-19　职业经理人转变为内部创业合伙人

职业经理人和事业合伙人都可以与企业共同创造价值、共享利润，但职业经理人没有共同承担风险的特点，因此"事业合伙人=职业经理人+风险共担"。

038　打造领导力：培养更多优秀的领导人才

领导决不是专制的决定，而是"大局"的传播者，善于把决定权转交给最合适的、能承担责任的人、部门或团队。对于进行内部创业激励的企业来说，必须培养更多优秀的领导人才，实现"扁平化"管理，以便快速地将决策权延至企业生产、营销的最前线，从而提高财富创造的效率。为企业打造领导力人才的技巧如图 3-20 所示。

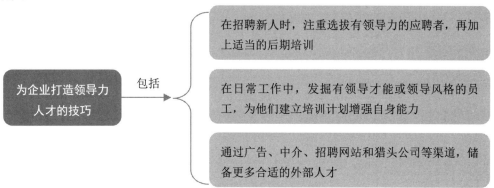

图 3-20　为企业打造领导力人才的技巧

那么，如何使用领导力来激励员工呢？在回答问题之前，首先要理解什么是领导力，才能了解如何通过领导力来激励员工？笔者个人觉得领导力就是领导的魅力，通过个人魅力来激励领导员工的能力，就叫领导力。那么，哪些方面的能力才是领导的魅力，这个很重要，必须理解还要具备才算是合格的领导力。

首先，一位领导需要具备以下能力。

(1) 管理能力。这里的管理能力指的是真正的能力，而不是领导的能力。真正能力和领导能力是有很大差别的。

真正的管理能力，一定是要让员工认定你是具备管理能力的，才是真的管理能力。不然你具备再强的能力也只是自己认为的能力。

(2) 魅力展现力。魅力展现力，重点在于展现，意思就是员工听你的理论知识后，相信也认同你的领导力，你需要在员工面前"演练过关"，让员工真正感受到"耳听为虚、眼见为实"。通过你的展现让员工从心底里佩服、敬重你，并且百分百地信服你，愿意以你为中心，追随你，并且通过后期努力学习锻炼自己。这才是魅力展现力的核心目的。

(3) 帮扶力。这里的帮扶力，指的是帮助和扶持，成功的领导一定要具备帮扶力，通过最短的时间，帮助和扶持手下员工成为更优秀的自己。这点很重要，如果一名合格的领导只会自己做而不会培养员工。时间久了，员工一定会思维疲劳、停止思考，从行动者变成观望者，这是最可怕的。

(4) 提拔力。提拔力就是通过前期对员工的帮扶培养，在其掌握一定能力技能后，领导要懂得提拔给予更多的机会，让员工拥有成就感和机会感。这里的成就感指的是，通过一段时间跟随领导的学习和领导的帮助，自己也能够动手做成和领导类似的成果，这种成就感绝对不是金钱能够达到的效果，这种成就感是自己对平时的学习和总结借鉴得出来的最宝贵成果。一旦拥有这种感觉可以说终生难忘。什么叫机会感，机会感就是员工会在内心深处感激这次机会是你赐给他的最宝贵的"实验田"。这种感觉员工也会终生难忘，并且会在内心牢牢地记住这是你给的机会才拥有这样的成就。

回到主题，如何通过领导力来激励员工？其实通过以上 4 点已经解决了这个问题。如果你具备以上领导力的 4 种能力，我相信没有不听话的员工，没有不配合的员工，没有不团结的员工，没有不追随你的员工，没有不信服你的员工。

039　事业共同体：打造核心团队的四大要点

合伙创业的目标是创建一个关系紧密的利益和事业共同体，企业可以围绕下面这四大要点打造事业合伙人的核心团队，如图 3-21 所示。如果企业拥有一支骁勇善战、齐心协力的团队，创业成功率将大大增加。

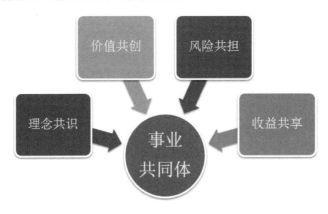

图 3-21　打造核心团队的四大要点

第 4 章

14 个策略，
初创企业股权分配的核心

合伙创办企业，是不是出多少钱就拿多少股权？要拿多少股权，才能获得公司的相对控制权？为公司融得更多资金流有什么技巧？这些都是初创企业需要面临的问题。

本章主要介绍初创企业股权分配的核心技巧，以帮助大家解决这些问题，帮助企业打造超越同行的股权布局与初创企业的股权激励方案。

040 两个核心：人才和资金

创业的两个核心分别是人才和资金，不管如何成功的企业，无不是依靠人才和资金的力量发展壮大的。人才和资金的相关分析如图4-1所示。

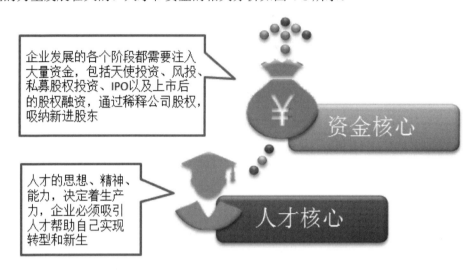

图4-1 创业需要人才和资金的支持

对于创业公司来说，过去最难获得的是资金，而如今募资的渠道已经越来越多，招募人才成为最大的需求。企业之间的竞争，归根结底还是人才的竞争，更进一步来讲，就是核心人才之间的竞争。下面介绍一下招募和留住人才的相关技巧，如图4-2所示，将培养和引进相结合，让初创企业的执行力、创造力得到保障。

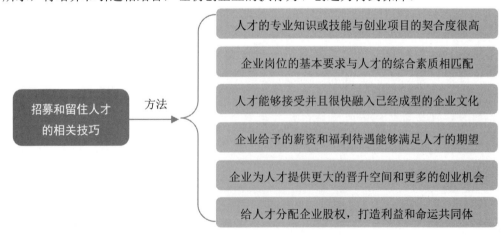

图4-2 招募和留住人才的相关技巧

041　容错思想：建立灵活试错机制

初创企业会面临很多不确定性因素，难免会产生错误，因此一定要有容错思想和试错机制，遵循优胜劣汰的原则保持正确的发展方向。

例如，谷歌公司内部有一个非常神秘的部门，那就是"Google X"实验室，专门用来试验各种疯狂的创意，如谷歌眼镜和无人驾驶汽车等项目都是在这个实验室中进行的，如图 4-3 所示。"Google X"的项目都带有"赌运气"的试错性质，既有可能成为大商机，也有可能是巨大的失败。

图 4-3　无人驾驶汽车

再如国内的创维集团，原创维数码控股有限公司 CEO、创维集团总裁杨东文曾说过这样一句话："创维是从死人堆里爬出来的。"在创维创业早期，市场上同类品牌多达数百个，如今只剩下仅有的几个大品牌了。杨东文表示："创维这样的大公司是有试错机制的，错了可以重来。"

对于创维这样的大公司来说，可以在企业内部创业中建立多种"可选择性"的试错机制，这样就无须高级顾问提供建议，也无须依靠卓越领导人的判断。因为我们的创业项目不可能每次都是正确的，所以这种容错思想可以很自然地淘汰那些错误的举动，从而让优秀的创业项目获得更多发展。

不管是对于大型企业还是中小型企业来说，内部创业不仅是一种组织结构创新，同时还是一种很好的试错机制。每一个内部创业项目就是一个试错单元，不仅能够形成内部竞争的激励氛围，而且能为企业找到新的出路。

例如，创立于 2006 年的韩都衣舍，其成功要点就是款式多、更新快，如今已经成为中国最大的互联网品牌生态运营集团之一。韩都衣舍通过内部孵化、合资合作及代运营等模式，打造品牌集群，包含 HSTYLE(韩风快时尚女装品牌)、AMH(韩风快时尚男装品牌)、MiniZaru(米妮·哈鲁)、Nanaday(娜娜日记)、ForQueens(范·奎恩)、Discovery(户外品牌)等 70 多个知名互联网品牌，如图 4-4 所示。

图 4-4　韩都衣舍天猫旗舰店

韩都衣舍的品牌战略主要是通过试错机制筛选出来的，并且通过内部竞争让这些品牌活起来。同理，对于合伙创业来说，失败并不可怕，创业者需要通过各种小成本的试错机制，从中吸取经验教训，并快速在更迭过程中进行创新和调整，这才是创业的涅槃重生之道。

042　量化贡献：以公司价值为导向

在初创阶段进行股权分配时，一定要将合伙人的贡献量化来分配股权，明确各个合伙人长久的责任、权力和利益。量化贡献的主要参考因素如图 4-5 所示。

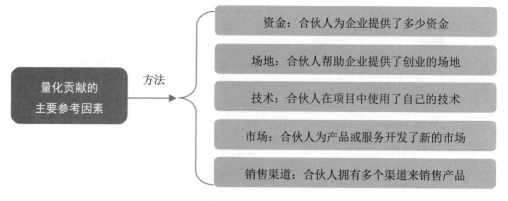

图 4-5　量化贡献的主要参考因素

在合伙创业时，每个合伙人都承担了不同的角色，对于企业的发展都是至关重要的，都能够为企业做出自己的贡献。但是，这些贡献的性质和作用都不同，因此我们难以去进行等价的对比，这让股权分配也变得无所适从。因此，我们需要将合伙人做出的这些贡献，通过"为公司带来的价值"为标准进行量化处理，具体计算方法如图 4-6 所示。

图 4-6　量化共享分配股权

043　人单合一：将创意转为生产力

"人单合一"是海尔公司探索的一种内部创业新模式，并为此建立了已经开放、共享的创客交互平台——海尔创客实验室，帮助新生代创客将创意变为现实，如图 4-7 所示。

图 4-7　海尔创客实验室

为了吸引更多人才加入企业，海尔联合政府、高校和企业推出了"联合创教计划",来发现和培养高校创新人才,推动高校与企业的融通创新,促进创新成果落地转化,为企业内部创业提供人才和智慧,如图4-8所示。

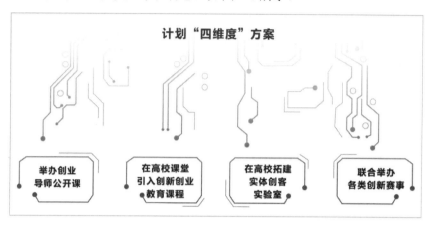

图4-8 联合创教计划

除了企业自身的员工外,外部创业也可以通过海尔创客实验室来实现自己的价值。海尔还会推出各类创客活动,吸引各路创业精英参与,促进新生代创客的连接互动。如图4-9所示为海尔推出的一个《年轻人的第一台洗衣机》创意大赛活动。

图4-9 《年轻人的第一台洗衣机》创意大赛活动

海尔创客实验室可以说是实现"人单合一"管理模式的一个落地平台,"人"就是指人才,而"单"则是指用户价值,即将人才和用户融合在一起,让人才为用户创造价值,同时实现自身的价值。传统管理模式与"人单合一"管理模式的主要区别如图4-10所示。

传统管理模式　　　　　　　"人单合一"管理模式

基本目标:
长期利润的最大化

基本目标:
创造终身用户

逻辑结构:
线性管理,以管理为中心

逻辑结构:
非线性管理,以用户的个性化需求为中心

图4-10　传统管理模式与"人单合一"管理模式的主要区别

专家提醒

要实现"人单合一"的管理模式,企业还需要突破以下两个难题。

(1) **领导人要舍得分权:** 包括决策权、用人权、薪酬权,将这些权力合理分派给内部创业的员工。

(2) **员工要学会转型:** 实现自主管理和创造,利用企业的平台和资源,让自己真正成为一个事业合伙人。

044　留出空间:股权架构的合理性

在给合伙人分配股权时,还需要留出一部分调整空间,用来持续吸引新的投资人进入,同时让控制权在融资过程中不至于丢失。

以3人合伙为例,公司的注册资本为100万元,预留15%股权用来吸收新的合伙人,并在合伙协议中写明。但这样做会产生两个问题,如图4-11所示。

对于股权归属问题,这里笔者提出了3种解决方法,供大家参考。

(1) 创始人代持。

方法:15%股权暂时寄放在创始人名下。

分析：创始人可以更好地抓住决策权，同时便于将股权转让给新合伙人。

图 4-11　预留股权池会产生的问题

(2)　平台代持。

方法：成立一个由普通合伙人(创始人)和有限合伙人(其他两个创业合伙人)组成的有限合伙企业，将 15%的预留股权池放在这个新的持股平台上。

分析：当有新的合伙人加入时，可以直接从有限合伙企业中分得股权。这种方法的好处是暂劳永逸，但要付出更多的成本，而且还需要重新注册一家企业。

(3)　均分代持。

方法：3 名合伙人均分股权，然后分别代持这 15%的预留股权。

分析：这是最差的一种方法，虽然各个合伙人可能会觉得很公平，但企业这种做法不仅不利于企业管理，而且新合伙人加入时，重新分配股权的工作也比较麻烦。

对于资金问题，则处理起来更加简单，下面也总结了一些方法。

- 谁持有预留股权池，就由谁来出钱。
- 先由 3 个合伙人共同出资，待新合伙人加入，将股权转至其名下后，再由他来出资。

除了上面两个问题外，在实际操作过程中，还会出现第 3 个问题，那就是谁可以享有预留股权的权利？通常情况下，哪个合伙人出钱，就应该享有这部分股权。但是，如果合伙人 A 拿出了这 15 万元的注册资本，持有 15%的预留股权池，同时他也能多享受相应比例的决策权和分红权。此时，合伙人 B 和合伙人 C 也想要出这笔钱，来换取同样的权利，这种情况该如何处理？

对于这种情况，处理不好就有可能产生矛盾，导致合伙人"分手"和创业失败。笔者建议可以采用分离决策权和分红权的方式，各取所需。例如，创始人享有决策权，所有合伙人都享有分红权，至于分红权具体如何分配，可以一起协商处理，作为创始人一定要有大格局、大胸襟，这样才有更大的未来。

045 留出股权池：吸引人才的加盟

在企业发展过程中，为了激励员工或者获得资金，通常都会拿出预留股权进行融资，预留股权池不仅能够起到延期激励的作用，而且能为企业吸引更多的优秀人才，以及完善企业激励机制。那么，在预留股权池时，到底应该留多少呢？

通常在初创期，预留股权池占比为10%~20%，甚至可以高于20%，但不建议全员持股，只要保证核心人员持股即可。随着企业的发展，会不断吸引新的资金，从而扩大期权池的规模。

初创企业在给员工分配股份时，早期的吸引力并不大。例如，100万元注册资本，分配10%的股权池，对应的就是10万元，如果给予员工1%的股权，则只有1万元。但随着公司股权池的扩大，当估值达到10亿元的时候，这1%的股权对应的就是1000万元。

因此，很多企业会采用虚拟股的形式来分配，将早期的10万元注册资本的股权拆成一千万股，即员工出一元钱就可以换成100股，这样不管是账面数据，还是吸引力都会大很多，诱惑力也会更大。

例如，某公司注册资本为1000元，虚拟股份总额设置为注册资本的20%，即200万股，首次分配总额为180万股，预留20万股，用于新增员工、岗位晋升员工的股权激励，如图4-12所示。并且在每轮融资完成后，重新调整相应的股份总额和各岗位股份基数。

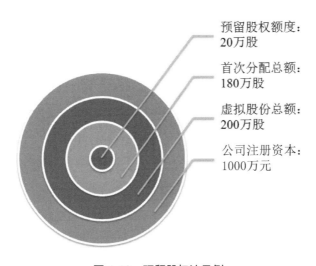

图4-12 预留股权池示例

总之，作为创业企业，股权架构一定要做到明晰、合理，这也是投资人在投资企业时会重点关注的地方。当投资人准备进入股权池时，企业也需要提前规划好，调整股权池结构,留出足够的预留股权池,打造持续性的激励作用,吸引各色人才的加盟,为未来的发展留下更多余地。

046 分配机制:动态股权分配关键

动态股权分配是初创企业常用的一种股权分配机制,其基本原则就是"论功行赏",即根据合伙人的贡献,按比例获取相应股权,其适用对象如图 4-13 所示。

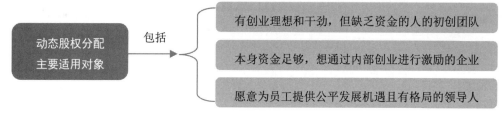

图 4-13 动态股权分配的适用对象

动态股权分配是相对于静态(固定)股权分配机制产生的,可以分为如图 4-14 所示的两种情况。

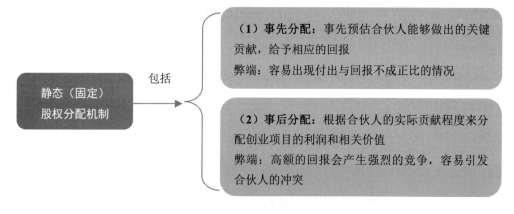

图 4-14 静态(固定)股权分配机制

可以看到,在传统的静态股权分配机制中,不管采用哪种分配方式,都存在一定的弊端,都有可能破坏创业团队的和谐发展,甚至导致不欢而散的局面。因此,在这种情况下,产生了新的动态股权分配机制。

动态股权分配机制最核心的要素就是贡献点和贡献值,通过约定一个计算标准,来量化记录合伙人的贡献点,得到相应的贡献值。在创业过程中,通过持续记录合伙人的贡献值,并根据该数值分配相应比例的股权,直到项目的完成。如表 4-1 所示,为部分贡献点和贡献值的计算方法。

表 4-1 部分贡献点和贡献值的计算标准

合伙人的贡献点	贡献值计算标准
合伙人投入的资金	具体金额
全职工作的合伙人，在创业早期每个月只领取一小部分工资	应得的工资-实际领取的工资
合伙人投入的创业场地	场地的租金
合伙人投入全新的设备	购买设备的价格
合伙人运用了自己的大量人脉关系	这些人脉为企业创造的实际价值
合伙人提供了商标权	(1)普通商标：注册成本 (2)知名商标：协商评估
合伙人提供了著作权	著作权版税
合伙人提供了技术专利	专利价值评估
合伙人提供的创意	不计算

通过定期记录这些贡献值，如每个月或者每个项目完成后来计算，合伙人做出的贡献点不同，那么得到的贡献值也会产生动态变化。因此，每个人的股权比例也是"动态"变化的，而契约和计算标准是动态股权分配机制的关键所在。同时，在不同的创业或项目阶段，还需要适时权衡合伙人在各方面付出的作用与贡献，设计相应的机制来保持动态平衡，合理调整股权分配比例。

047 股权架构：股权分配量化模型

股权结构是指股份公司总股本中，不同性质的股份所占的比例及其相互关系。初创企业需要建立立体、直观、科学的股权架构，常用的方法是 4C 股权架构，如图 4-15 所示。4C 股权理论认为，在人力资本驱动下，公司股权应该是 4C 结构，即创始人、合伙人、核心员工、投资人决定了公司未来的价值。

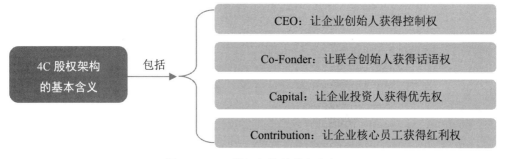

图 4-15 4C 股权架构的基本含义

很多初创企业的股权分配依据不科学，欠缺公平与长远考虑，建议运用 4C 股权分配理论重新考量，将企业初始股权分为创始人股、合伙人股、资金股、岗位股 4 个部分，如图 4-16 所示。

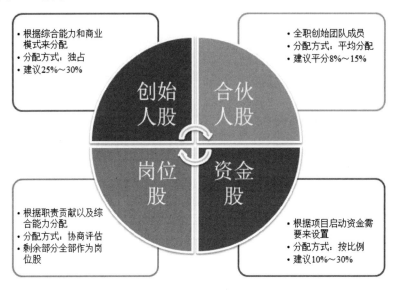

图 4-16　4C 股权架构模型

注意，在分配股权之前，还需要预留一部分股权池。如果企业的股权分散得非常严重，则可以将预留出的股权池集中在一起，由创始人代持，让创始人掌握更多主动权。另外，我们还可以通过"4C 股权计算器"这个微信小程序来计算股权分配方式，如图 4-17 所示。

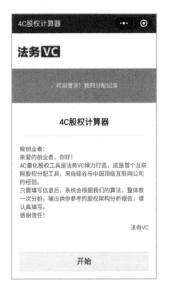

图 4-17　"4C 股权计算器"微信小程序

048 大股东牵头：避免被平均分权

笔者在前面不止一次地提到过，创始人承担的责任最大，也一定要保证自己获得最多的股份，集中掌握企业的决策权。千万不能平分股权，这样每次决策时都可能会产生争议，导致拖累企业的发展。

1. 平均分权的主要弊端

在很多成功创业的企业中，大部分是由大股东牵头，然后寻找一些能够与自己的优势相互补充的小股东，各司其职，打造具有强大执行力的创业团队。同时还需要注意给其他合伙人公平合理地分配股权，让他们都满意，这样他们才能专心致志地完成自己的工作。

但是，在现实中，很多创始人要么不懂股权设计，要么在刚刚开始合作时为了表现出自己的义气，或者因碍于情面等，直接平均分配股权给所有合伙人，为创业埋下了很大的隐患，其弊端如图4-18所示。

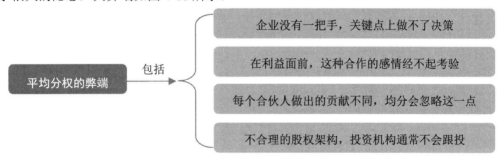

图4-18 平均分权的弊端

2. 平均分权的调整方法

如果企业创始人在初创期已经选择了均分股权的形式，后期该如何进行调整呢？下面笔者通过一个案例来详细说明。

某大型酒店由两对夫妻共4个股东合伙创立，总投资为100万元，每人各占25%的股份。这4个股东是由两对夫妻组成，两家人各占一半的股份。但是只有合伙人D全职管理酒店的运营，但他没有出钱，而其他3个合伙人没有全职参与。

随着酒店的发展，合伙人D认为，这样分配股权对自己不利，想让其他3个合伙人放弃手上的股权。因此，合伙人D准备用刚开始合伙时的价格(已经过去了十多年)，收购另一对夫妻20%的股权，从而让自己的家庭拥有70%的股份，获得绝对的控股权。

而此时，合伙人B提出了反对意见，这种情况该如何处理呢？其实，酒店的经营一直是合伙人D在做，而合伙人B只是因为自己的大度而出了钱，当然这种情况下还是可以协商的，解决思路如图4-19所示。

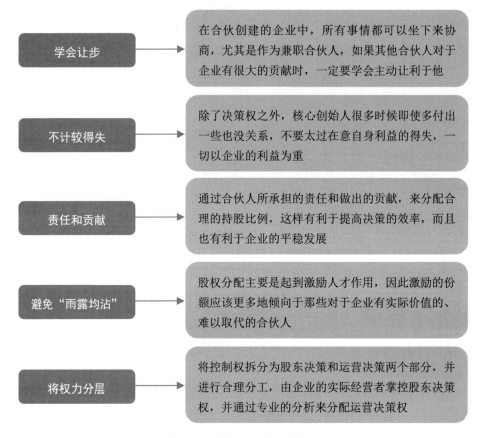

图4-19 平均分权的调整思路

专家提醒

尤其对于初创企业来说，控制权的分配，其重要性更大于股权。很多企业之所以出现矛盾，就是因为控制权的归属出现了问题。只有设计好控制权的决策机制，使牵头的大股东能够及时有效地做决策，企业才能平稳发展。

049 股份绑定：逐年增加兑现比例

当所有合伙人都获得合理的股权分配额度后，股权的管理工作并没有就此结束，有时会出现合伙人工作不积极，或者半途退出等情况，这样在处理股权问题时就会非常棘手。

为了避免这种问题，有人在分配股权时加入了股份绑定机制，即按照合伙人在企业工作的天数，逐步兑现股权，一般做法是按照 4~5 年兑现。如图 4-20 所示为设置工作 4 年分期兑现股权的方法。

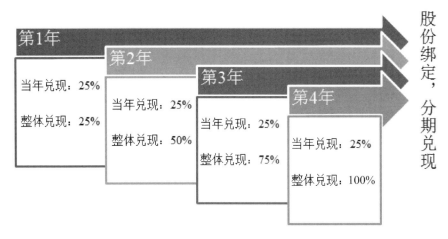

图 4-20　4 年分期兑现股权的方法

同时，股份绑定在企业成立后，还具有非常灵活的调整机制，企业可以将那些尚未分配的股权，根据合伙人的贡献度和价值来进行重新分配，体现公平合理的股权分配原则，具体方法如图 4-21 所示。股份绑定机制可以有效地杜绝企业中出现坐享其成的合伙人，有利于股权激励作用的发挥，值得所有公司重视。

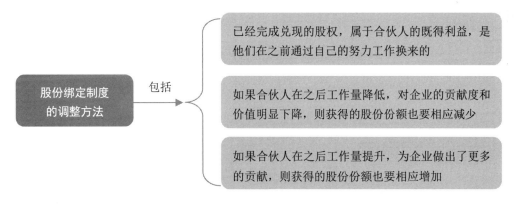

图 4-21　股份绑定制度的调整方法

050　杠铃策略：保持企业稳健发展

在对企业内部创业的团队进行分配股权时，可以采用"杠铃策略"保持积极开放和被动保守的创业项目的平衡，使企业获得长久稳健的发展，如图 4-22 所示。

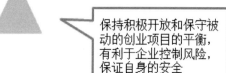

图 4-22　采用杠铃策略保持企业稳健发展

相反地，企业内部创业项目的关联性越强，则企业的创新能力和控制风险能力就会越弱，会与自己的核心业务产生竞争，导致形成不必要的内耗。

051　企业文化：信任、公平是基础

对于初创企业来说，企业文化的建立也是非常重要的，可以营造良好的工作氛围，帮助企业引入更多资金和有能力的合伙人。认同企业文化，可以让企业内部人员的关系更加融洽，在处理股权分配问题时效率也会更高。如图 4-23 所示为企业文化的基本作用。

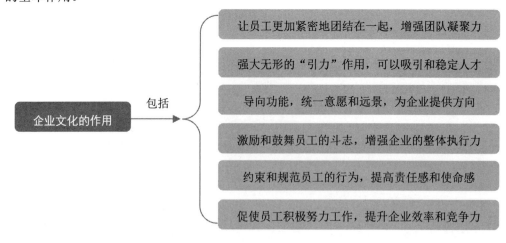

图 4-23　企业文化的作用

对于初创型的公司来说，企业文化的种子就是创始团队的文化，他们的价值观、做事做人的风格会成为企业的基因，极大地影响企业的发展。在企业文化建设中，信

任、公平是基本原则，相关技巧和注意事项如图 4-24 所示。

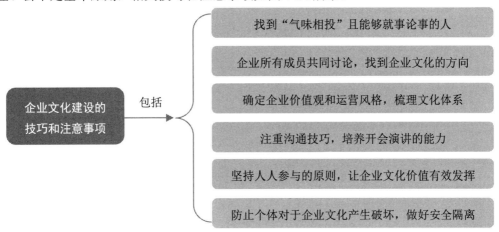

图 4-24　企业文化建设的技巧和注意事项

052　三大陷阱：注意影响公司发展

在分配股权时，初创企业还需要小心防范一些陷阱，否则会严重影响公司的发展。如图 4-25 所示为股权分配时常见的三大陷阱。

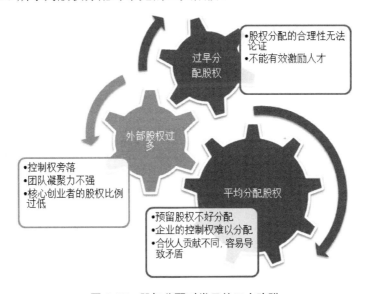

图 4-25　股权分配时常见的三大陷阱

因此，初创企业要尽量设计动态股权机制，通过优胜劣汰的方法来最大限度地有效激励人才，从各方面实现"平衡的艺术"，如图 4-26 所示。

图 4-26 分配股权要实现"平衡的艺术"

053 面对失败：能够总结经验教训

正所谓"失败是成功之母"，面对失败，我们要善于总结，将所有失败的经验教训列出来，在下一次的创业过程中要避免这些问题。下面列出了一些创业失败的原因。

- 没有做好成本控制，导致资金流断裂。
- 创业项目没有投资价值，没有考虑充分。
- 直接抄袭别人的商业模式，转型失败。
- 产品无市场需求，没有用户痛点。
- 没有找到合适的团队和合伙人。
- 行业竞争太过激烈，自身无明显优势。
- 股权架构设计不合理，投资者和优秀人才进不来，内部矛盾冲突不断。

当然，每一个结果都能找到相对的缘由。因此，我们在创业失败后，要从根源上寻找原因，找到具体的事实真相，规避再次承担风险。很多成功的创业家都是经历了反复的失败和磨炼，但是他们有容忍失败的能力。能够保持良好的心态，将事业坚持下来，才会取得最终的成功。

第 5 章

19 种方法，快速指明股权激励的方向

股权激励可以有效提升员工的工作积极性，快速吸引优秀的人才，帮助企业留住得力干将。股权激励可以让企业从业绩到利润上产生明显的改善，越来越多的公司正在加入股权激励的行列，推进员工持股计划。

本章主要介绍股权激励的作用和意义，以及不同的股权激励模式。

054 股权是什么、股权有什么用

股权是一种财产所有权，股东通过合法方式，如钱、技术、设备、劳动力等，兑换企业相应的股份，并获得对应股份比例的权益，同时承担对应股份比例的责任。

1. 认识股权与股份

股权与股份有很大的关系，但也有一些区别，如图 5-1 所示。

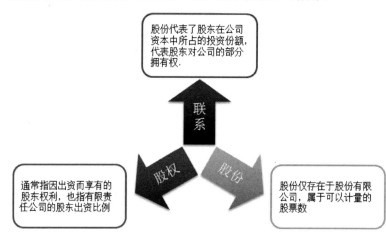

图 5-1　股权与股份的联系与区别

2. 了解股权的作用

股权是对企业的终极控制权利，企业最重大的事项通常是基于股权由股东(会)决议的。具体来说，股权的主要作用如表 5-1 所示。

表 5-1　股权的主要作用

主要权益	功能说明
收益权	股东可以按照持有的股份比例，来分配企业利润的盈余
表决权	股东有权参与企业重大事项的决策，通常情况下，股东所持的股份越多，决策权力就越大
选举权	股东可以选举产生董事会，由董事会来负责股份有限公司的日常事务管理，股东自己可以不用亲自参与公司管理
知情权	依照新《公司法》规定，股东有权查阅公司章程、股东会会议记录、财务会计报告和公司会计账簿，以及有权了解公司的重大事项
转让权	股东拥有股份转让权，可以依法将自己的股东权益转让给他人，使他人取得股权。同时，《公司法》规定股东有权通过法定方式转让其全部出资或者部分出资来转让股权

续表

主要权益	功能说明
分配权	在公司清算时,如果净资产大于债务,则股东有权分配清算后的剩余资产
优先权	转让出资的优先购买权(股份有限公司的股东不具备该权利) 发行新股的优先认购权(由股东大会决定)
诉讼权	当股东的合法利益受到损害时,有权向法院提起诉讼,保障自己的股权

055 股权激励是一种长期激励机制

股权激励是一种长期激励机制,可以激励员工尽职尽责为企业长期发展而工作,具有以下三个特点,如图5-2所示。

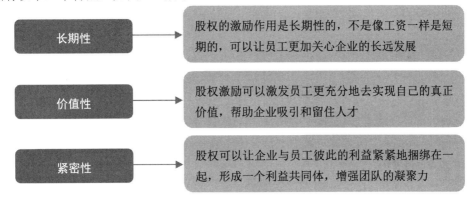

图 5-2 股权激励的三大特点

专家提醒

股权激励的理论基础包括委托代理理论、人力资本理论和利益相关者理论。

(1) **委托代理理论(Principal-agent Theory)**。委托代理关系是指委托人授权代理人在一定范围内以自己的名义从事相应活动、处理有关事务而形成的委托人和代理人之间的权能与收益分享关系。该理论的中心任务是研究在利益相冲突和信息不对称的环境下,委托人如何设计最优契约激励代理人。

(2) **人力资本理论(Human Capital Theory)**。该理论主要是通过将企业中的人作为资本来进行投资与管理,并根据不断变化的人力资本市场情况和投资收益率等信息,及时调整管理措施,从而获得长期的价值回报。

(3) **利益相关者理论(Stakeholder Theory)**。企业是一种智力和管理专业化投资的制度安排,其生存和发展依赖于企业对各利益相关者利益要求回应的质量,而不仅仅取决于股东。

056 股权激励的基本原则是什么

马云曾经讲过这样一句话："员工离职不外乎两个理由，一个是钱没给到位，一个是做得不开心了。"这两句话总结得很到位，而股权激励也是从这个角度出发，来帮助企业留住核心人才，使其为企业经营提供长期服务。

的确，股权激励是一种很有效的激励模式，在企业发展壮大过程中有不可替代的重要作用。例如，1987 年正式注册成立的华为公司，如今业务已经遍布全球 170 多个国家，2018 年营业额超 7000 亿元，员工人数超 18 万人，服务 30 多亿人口。华为从创办至今，经历了四轮大的股权激励改革，公司员工持股人数近 10 万人，成为举世闻名的中国品牌，如图 5-3 所示。

- 华为是一家100%由员工持股的民营企业，通过工会实行员工持股计划，参与人数为96768人，参与人仅为公司员工，没有任何政府、机构持有华为股权

谁拥有华为

- 华为拥有完善的内部治理架构：持股员工选举产生115名持股员工代表，持股员工代表会选举产生董事长和其他16名董事，董事会选举产生4名副董事长和3名常务董事，轮值董事长由3名副董事长担任

谁控制华为

 轮值董事长以轮值方式主持公司董事会和常务董事会

 董事会行使公司战略与经营管理决策权，是公司战略、经营管理和客户满意度的最高责任机构

 董事长主持持股员工代表会

 持股员工代表会是公司最高权力机构，对利润分配、增资和董事、监事选举等重大事项进行决策

图 5-3 华为的股权激励

专家提醒

华为的股权激励是通过契约方式和员工约定的一种虚拟股权，让股权激励更加简单有效，其总规模已达 134.5 亿股。持股员工可以获得分红和股权增值等福利，但没有所有权、表决权，股权在员工离职后由工会回购。

但是，股权激励也有非常明显的两面性特征，用得不好就会适得其反。因此，企业在做股权激励的时候，一定要掌握其基本原则，这样才能达到长久发展的目的，如

图 5-4 所示。

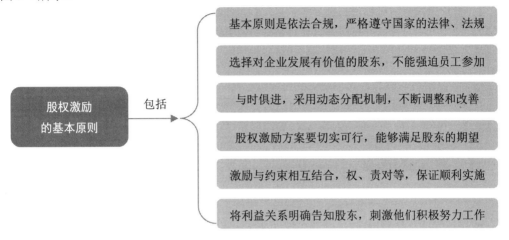

图 5-4 股权激励的基本原则

057 股权激励有哪些目的和意义

股权激励对企业而言，具有留住人才、吸引人才和维持企业长远发展战略等方面的深远意义。股权激励的意义主要体现在 5 个方面，如图 5-5 所示。

制定股权激励制度，对于企业的营收以及市值增长都会产生较大的帮助，并且能够完善员工的福利制度，让员工与公司达成一致的目标，从而形成企业、股东以及员工三方共赢的局面。

图 5-5 股权激励的意义

058 股权激励模式1：干股激励

干股激励是一种基于"分红协议"的股权激励模式，是指企业与股东通过签订一个有效的无偿赠予股份协议，股东无须出资即可获得股份，并享有分红权，相关分析如图5-6所示。

```
适用对象 → (1)非上市公司的中层管理人员
          (2)企业内部的技术骨干
          (3)后期可以慢慢扩展到普通员工

模式优点 → (1)将企业利润与核心员工挂钩，激励作用强
          (2)由股东赠予，不必实际出资
          (3)对付方式多样：现金奖励、现金+虚拟股、现金+福利等

模式缺陷 → (1)不拥有股东资格
          (2)通常有一定的附带条件，如保证金等
```

图5-6　干股激励模式的相关分析

干股激励是一种相对安全(不涉及股权架构的调整)、操作简单(涉及面窄)以及见效快(分红及时)的激励模式，能够有效解决员工的安全顾虑，非常适合初创企业。如图5-7所示，为干股激励协议书范本中的关于"协议标的"的说明，其中明确规定了股权激励的主要内容。

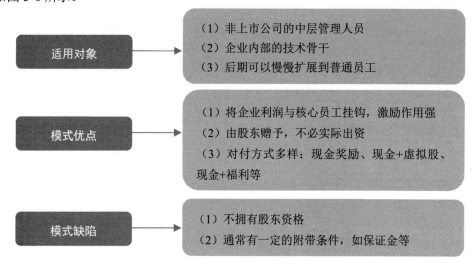

> 根据乙方的工作表现（详见公司章程），甲方经过全体股东一致同意，决定授予乙方X‰或X万元的虚拟股权，每股为人民币一元整。
>
> 1.乙方取得的X%的虚拟股权不变更甲方公司章程，不记载在甲方公司的股东名册，不做工商变更登记。乙方不得以此虚拟股权对外作为拥有甲方资产的依据。
>
> 2.每年度会计结算终结后，甲方按照公司法和公司章程的规定计算出上一年度公司可分配的税后净利润总额。
>
> 3.乙方可得分红为乙方的虚拟股比例乘以可分配的净利润总额。

图5-7　干股激励协议书范本关于"协议标的"的说明

059 股权激励模式2：期权激励

期权是一种"空对空"的股权激励模式，企业开出空头支票，员工对未来的绩效做出对应的空头承诺，即可得到相应的股份，相关分析如图 5-8 所示。当期权到期后，员工可以行使购买股票的权利，赚取期权的交易差价。

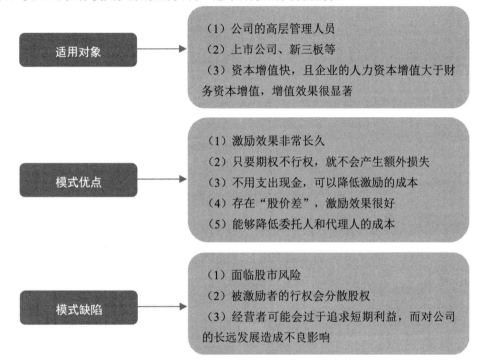

图 5-8 期权激励模式的相关分析

专家提醒

"新三板"是指全国性的非上市股份有限公司股权交易平台，为那些还未上市的中小微企业提供股权交易的场所。

期权激励就是通过期权的形式来进行激励，期权可以分为股票期权和股份期权两种类型。非上市公司的期权主要为股份期权，本质上是股票期权的一种变通方式，在一定情况下可以转换为股票期权，从而增强激励的作用。

期权激励的本质：针对需要激励且符合一定条件(工作年限、巨大贡献等)的员工，企业直接将股权转让给他们，员工则可以利用期权价格与市场交易价格之间产生的差价，来获得利益。如图 5-9 所示为有限责任公司期权激励协议范本中对于有效期、授予日、等待期、可行权日和禁售期的相关说明。

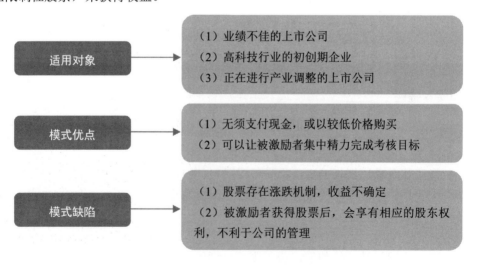

图 5-9 有限责任公司期权激励协议范本部分内容

060　股权激励模式 3：限制性股票

限制性股票是一种"实对空"的股权激励模式，也可以称为"锁定股票"，企业给予员工股权，员工做出对应的绩效承诺，相关分析如图 5-10 所示。当员工达到激励条件时，如在达到规定工作年限或者完成了激励计划所要求的业绩后，即可出售这些限制性股票，来获得收益。

图 5-10 限制性股票激励模式的相关分析

限制性股票和期权的主要区别在于：权利和义务的对称性不同、奖励和惩罚的对称性不同，如图 5-11 所示。

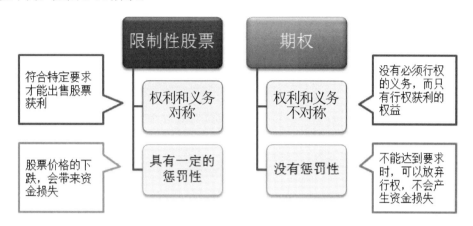

图 5-11　限制性股票和期权的主要区别

限制性股票和期权的收益性，主要取决于上市公司的股价。例如，在同一家上市公司中，员工 A 获得了一万股股票期权，每股执行价格为 20 元；员工 B 获得了一万股限制性股票。10 年后，股票价格上涨至 50 元，员工 A 则将获得 30 万元的税前收入，而员工 B 则通过出售股票，获得 50 万元的税前收入。但如果 10 年后，股票下跌至 5 元，员工 A 的股权将不值得执行，而员工 B 通过出售股票将获得 50000 元的税前收入。

通过比较两者的税前收入，可以非常直观地看到股价的变动，会直接影响这两种激励方式的收益。另外，就同样数量的股票期权和限制性股票而言，限制性股票的激励力度要强于期权。

061　股权激励模式 4：股票增值权

股票增值权(Stock Appreciation Rights，SARs)的激励方式具有收益与股价挂钩、不拥有实际股权和不能转让三大特征，也就是说，被激励者只享有股票增值收益，并没有获得实际的股票。股票增值权持有人在行权时，直接兑现股票的升值部分来取得相应的收益。

1) 适用范围
- 资金充足、发展稳定，且股权被期权和限制性股票等激励模式大量稀释的上市公司。
- 现金储备非常充足、没有股票授予员工的封闭型非上市公司。
- 没有为企业创造实质上的利润，而只是负责市值管理(Market Value Management)的员工，包括财务总监、公司投资总监、董事会秘书、证券代表等。

2) 模式优点

- 审核程序简单，模式易于操作。
- 企业可以自行规定有效期。
- 行权只需要对股票升值部分兑现。
- 其本质为虚拟股，可以有效避免决策纠纷的产生。
- 只要价格稳定上涨，其激励效果不亚于其他模式。
- 实施方式多元，如现金或者折合成股票/股份实施，以及通过"现金+股票/股份"的组合方式来实施。

3) 模式缺点

- 公司需要面临较大的现金支付压力。
- 收益与公司股价挂钩，可能面临下跌风险。
- 被激励者没有真正意义上的股票，不能得到相应的股东权利。
- 股票增值权不能进行转让，也不能用于担保和偿还债务等。

062 股权激励模式5：虚拟股权

虚拟股权是指企业通过模拟股票的发行方式，并将股票授予企业的激励对象，被激励者可据此享受一定数量的分红和股权升值收益，但没有所有权、表决权，一般情况下不得转让和出售，相关分析如图5-12所示。

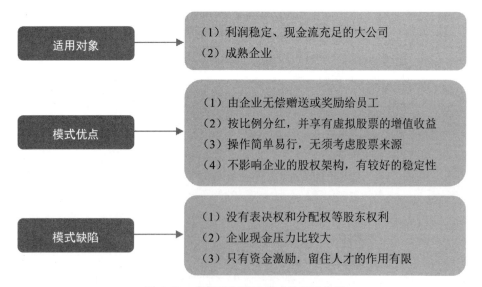

图5-12 虚拟股权激励模式的相关分析

虚拟股权与期权在操作形式上非常相似，但也有一些不同之处，主要表现在以下两个方面，如图5-13所示。

图 5-13　虚拟股权和期权的主要区别

虚拟股权对于企业内部的激励作用也非常明显，因为收益是由未来的企业绩效决定的，所以被激励者通常会通过努力工作来提升企业的业绩，来增加自己的收益。同时，虚拟股权的价格不会受到股票市场的波动影响，而且能够有效约束员工的离职跳槽、工作懒惰等行为，是一种非常纯粹的激励形式。

专家提醒

虚拟股权对于成熟的大公司中的老员工，有很好的激励作用。虚拟股权其实就是跟大股东一起参与公司分红，其收益与公司的营收是息息相关的，有效将员工与企业目标统一，充分调动了员工的积极性。被激励者并没有实际持股，即使公司绩效不好，导致虚拟股权价格下跌，被激励者也可以选择不行权，来避免产生损失。

063　股权激励模式 6：延期支付

延期支付又可以称为延期支付计划(Deferred Compensation Plan)，主要是以公司当下的股价作为依据，将被激励者的年终奖、股权激励等部分薪酬收入换算成具体的股票数量，存入企业为其单独开设的延期支付账户。当到达约定的期限，或者被激励者退休日期，再以此时的公司股价来换算他们手中的股票数量，并以现金方式进行支付。延期支付具有有偿售予、逐步变现以及风险与权益基本对等的特征，其相关分析如图 5-14 所示。

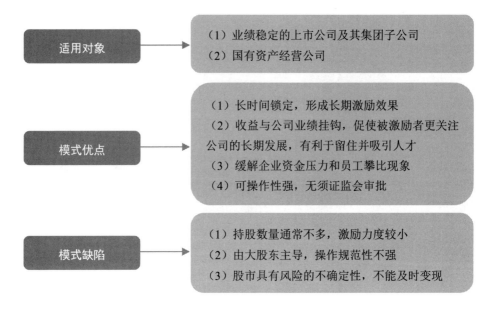

图 5-14　延期支付激励模式的相关分析

延期支付背靠的是公司的实际股票价格，存在一定的风险。如果在行权时，股票价格上升，则被激励者可以获得收益，具有很好的激励效果；如果股票价格下跌，则被激励者的收益则会面临亏损，因此也具有明显的约束作用。下面通过一个案例来说明延期支付的收益计算方法，如图 5-15 所示。

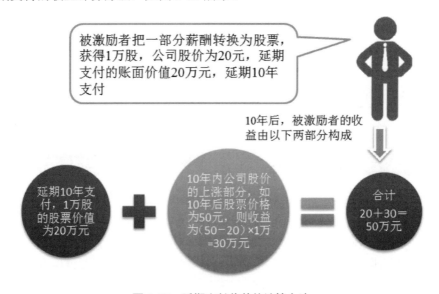

图 5-15　延期支付收益的计算方法

064 股权激励模式7：业绩股票

业绩股票(Performance Shares)主要是被激励者与企业约定一个业绩目标和时间期限，业绩目标必须合理，符合行业的实际情况和标准。例如，双方约定时间期限为一年，在年初时设定目标，当被激励者在年尾时完成目标业绩，可以获得一定数量的公司股票。倘若被激励者没有完成目标业绩，或者半途时就非正常离职了，此时公司会取消其未兑现部分的业绩股票。

在业绩股票激励模式中，业绩目标是一个非常关键的指标，其方案设计比较合理平衡，让激励的成本和效果取得平衡，其相关分析如图5-16所示。

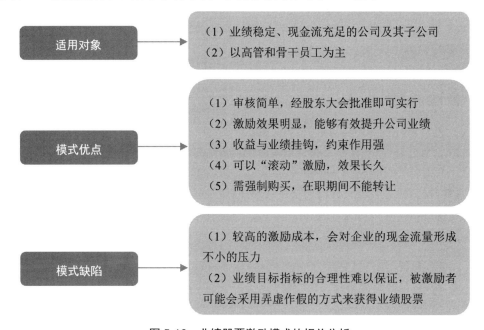

图 5-16　业绩股票激励模式的相关分析

> **专家提醒**
>
> "虚拟股+实股"相结合，是非上市公司常用的业绩股票组合激励方式，不仅能够取得稳定的利润，而且还能体现较好的现金流量。

065 股权激励模式8：员工持股计划

员工持股计划(Employee Stock Ownership Plans，ESOP)是指企业成立员工持股管理委员会，或委托第三方金融机构(信托机构、基金管理机构等)成立企业持股平台，让员工出资认购企业的股票和期权，从而获得相应的股东权益，相关分析如图 5-17 所示。

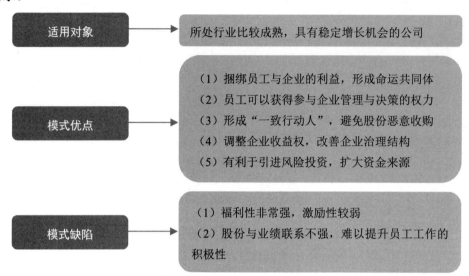

图 5-17 员工持股计划激励模式的相关分析

例如，南方基金开启员工持股计划的激励方式，员工可以通过增资方式参与持股，涉及中高层等百余名员工，共出资 7 亿多元，价格约 23 元/股，股权占比将超过 8%。通过员工持股计划，可以为员工提供安全保障，让员工分享企业更多的发展成果，是可以有效留住人才的一种激励方式。员工持股计划的激励方案包括三种类型，如图 5-18 所示。

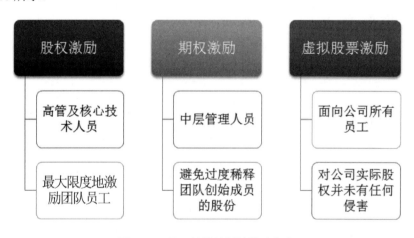

图 5-18 员工持股计划的激励方案

066 股权激励模式 9：虚拟股票期权

虚拟股票期权是企业授予员工的一种权利，被激励者可以在规定的时期内以事先确定的价格购买一定数量的本公司虚拟股票，也可以放弃这种权利，相关分析如图 5-19 所示。

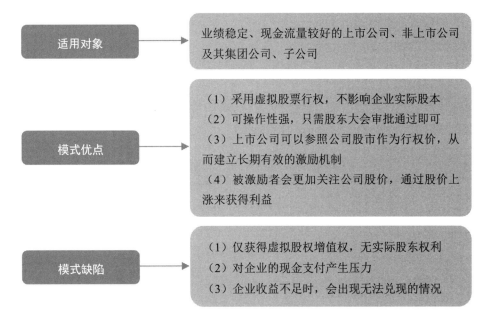

图 5-19 虚拟股票期权激励模式的相关分析

067 股权激励模式 10：管理层收购

根据历史悠久的牛津大学出版社出版的《商务词典》解释：管理层收购是指公司管理者收购公司的行为，通常为公司管理者从风险投资者手中回购股权的行为。管理层收购(Management Buy-Outs，MBO)模式可能会收购整个业务或部门，从而改变企业对业务的控制权。

1) **适用对象**

拥有稳定的现金流量的成熟行业，包括下面几种类型。
- 国有资本退出企业。
- 国有民营型非上市公司。
- 集体性企业。
- 反收购时期的公司。

- 拟剥离业务或资产的企业。

2) 模式优点

- 借助杠杆收购，使蛇吞象成为可能。
- 使管理层同时获得企业的经营权与决策权，实现两者利益的紧密捆绑，从而让被激励者最大化地追求公司利润，并降低代理成本。
- 使管理层获得大量的企业股权收益，激励效果显著，激励作用更长久。

3) 模式缺陷

- 主要通过借贷融资来完成，成本过高，处理不当的代价非常大。
- 公司需要具备良好的经济效益和经营潜力，才能吸引到资金。
- 收购后，如果不能快速调整企业的治理结构，极有可能会形成新的内部人操纵企业。

通过管理层收购模式，可以转变角色，让单一的经营者变为所有者与经营者合一的双重身份，实现企业向真正的所有者"回归"。

068 股权激励模式11：优先认股权

优先认股权是指企业为了增加资本而扩充股份时，为保护老股东的利益，按照原股东的持股比例，给予其在指定期限内以规定价格优先认购一定数量新股的权利，相关分析如图5-20所示。

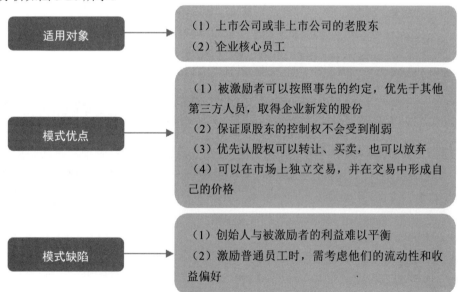

图5-20 优先认股权激励模式的相关分析

069　股权激励模式 12：分红回偿

分红回偿是指企业向其股东或员工借款入股，用红利冲抵借款，未冲抵借款部分只有分红权，已冲抵借款部分拥有完全所有权的股份，相关分析如图 5-21 所示。

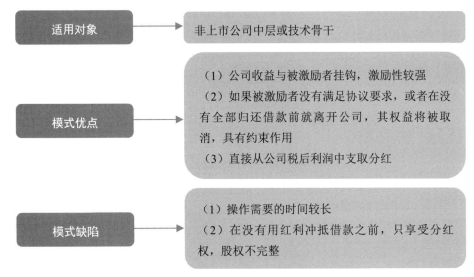

图 5-21　分红回偿激励模式的相关分析

070　股权激励模式 13：赠予股份

获得赠予股份的被激励者，在满足赠予协议中的相关条件后，即可获得完整权益的股份。赠予股份的相关分析如图 5-22 所示。

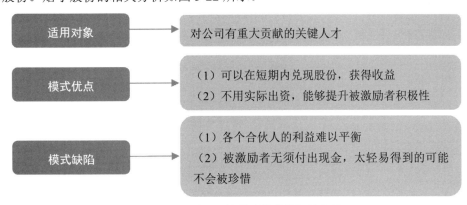

图 5-22　赠予股份激励模式的相关分析

071 股权激励模式 14：账面价值增值权

账面价值增值权不是真正意义上的股票，没有所有权、表决权、配股权，相关分析如图 5-23 所示。

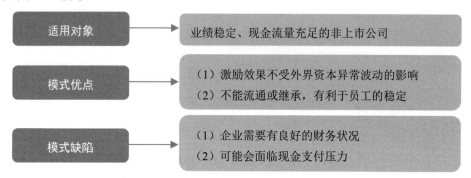

图 5-23 账面价值增值权激励模式的相关分析

072 股权激励模式 15：技术入股

技术入股的主要特点是将技术折算为股份，相关分析如图 5-24 所示。

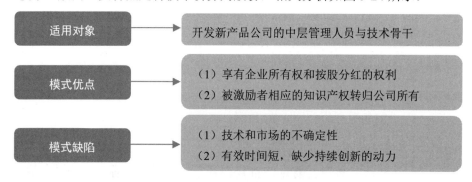

图 5-24 技术入股激励模式的相关分析

> **专家提醒**
>
> 各个企业的股权管理都有所不同，因此产生了多样化的股权激励模式。企业在做股权激励方案时，应该根据自己的实际情况和自身需求，来选择适合自己的模式。

第 6 章

14 个高招，设计股权激励的基本内容

小米公司在成立之初就导入股权激励，吸引了 8 位联合创始人，历经 7 轮融资上市，估值 3600 多亿元，员工约 7000 人持股，造就 9 个亿万富翁，5500 多个千万富翁。另外，腾讯、百度、京东、拼多多、苏宁、联想以及恒大等，这些成功的企业没有一家是不做股权激励的。

本章将总结股权激励的基本内容设计方法，帮助企业打造出与这些大公司一样的优秀股权激励制度。

073 组建团队：打造高效团队

股权激励包括很多工作，都需要由团队配合来完成。组建团队是一件辛苦的事情，因为团队是一个集体，需要有人、有物、有架构、有分工。

1. 组建团队的成员

通常情况下，股权激励的团队成员包括以下人员，如图6-1所示。

图6-1 股权激励的团队成员

2. 团队的工作职责

在设计股权激励方案时，不仅要有明确的团队目标，还要针对不同角色的团队成员做好分工，让他们能够按照既定方案来开展具体的工作。下面介绍股权激励团队的基本工作职责，如图6-2所示。

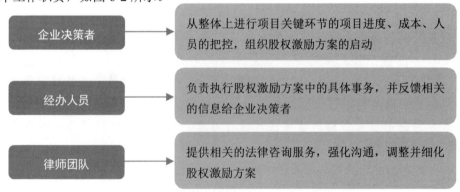

图6-2 股权激励团队的工作职责

只有拥有了一支具有很强向心力、凝聚力、战斗力的团队，拥有了一批彼此间互相鼓励、支持、学习、合作的员工，企业才能有效推进股价激励计划的顺利开展。

074 构建机制：确定运行方式

组建好合适的团队后，还需要构建相应的沟通机制，有利于团队每一名成员知道自己在团队中所处的位置，知道处理什么事情的时候应该找哪一个关键角色。沟通机制是促使团队工作正常运行的重要方式，能够使企业决策者从整体上把控团队沟通和调整机制，从而提高工作效率。

1. 提高团队沟通效率

对于一个股权激励团队来说，日常的沟通效率也决定了团队的办事效率。下面介绍提高团队沟通效率的技巧，如图6-3所示。

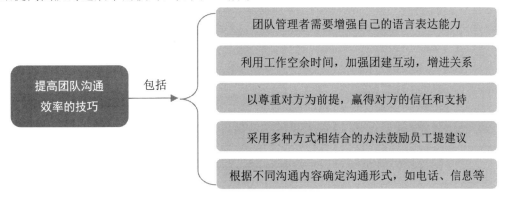

图6-3 提高团队沟通效率的技巧

2. 构建团队沟通机制

团队出现沟通欠缺和沟通效率低的问题，主要是因为缺乏完善的沟通机制，对于一些股权激励方案中的日常决策，总是很难快速执行。因此，建立有效的沟通机制形式，能够帮助团队快速提高沟通效率，具体方法如图6-4所示。

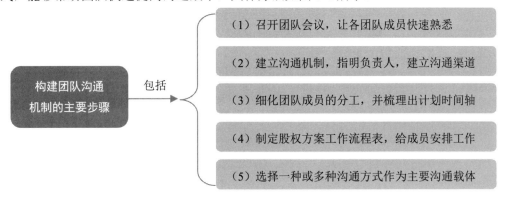

图6-4 构建团队沟通机制的主要步骤

075 集中访谈：提升工作效率

召集股权激励方案中所涉及的所有相关利益人员，进行集中访谈，从而快速、直接地了解各类信息，获取他们对于方案的不同意见，从而优化和调整股权激励方案。集中访谈需要结合后面的"十定"内容，来完成一些主要任务，如图6-5所示。

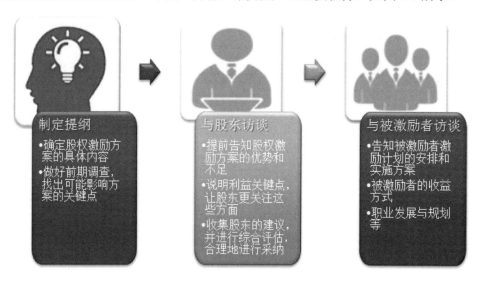

图6-5 集中访谈的主要任务

专家提醒

在制定股权激励方案的同时，还需要针对相关参与人员和被激励者做好培训工作，增强他们对于股权激励的理解，以及调动他们参与的积极性。股权激励培训的主要作用如下。

- 宣传企业的股权激励方案，以及事业发展前景。
- 增进沟通的深度，阐述股权激励的优势和风险。
- 解答股权激励的问题，收集和采纳优秀的建议。

076 方案审批：获得领导同意

制定好股权激励方案后，还需要获得股东会(股东大会)的审批才能实施。股东会和股东大会都是公司的最高权力机构，职能和功能基本相同，只是股东会是有限责任公司的最高权力机构，股东大会是股份有限公司的最高权力机构。股权激励方案审批的具体流程如图6-6所示。

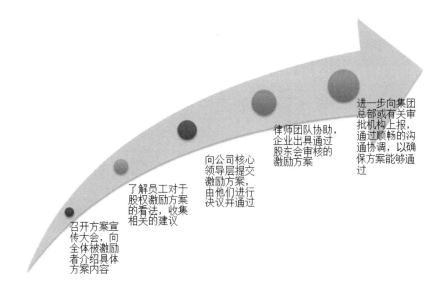

图 6-6　股权激励方案审批的具体流程

077　定目标：目标不能好高骛远

在制定股权激励方案的具体内容时，主要用到"十定"原则，每个要素都是组成股权激励方案不可或缺的因素，如图 6-7 所示。

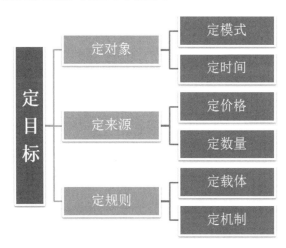

图 6-7　股权激励方案的"十定"原则

首先是"定目标"，从而确定企业展开股权激励的各种需求，将其作为核心目标来策划后面的工作内容。股权激励的主要目的包括以下内容。

(1) 形成利益共同体：具体分析如图 6-8 所示。

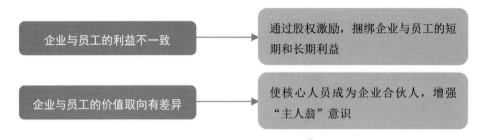

图 6-8　形成利益共同体的目标分析

(2) 对员工产生业绩激励：具体分析如图 6-9 所示。

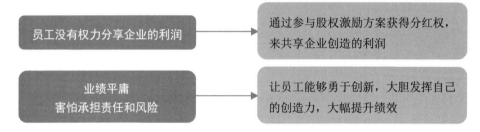

图 6-9　对员工产生业绩激励的目标分析

(3) 约束员工的短视行为：具体分析如图 6-10 所示。

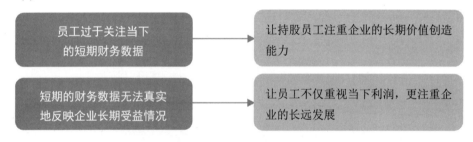

图 6-10　约束员工短视行为的目标分析

(4) 吸引和留住人才：具体分析如图 6-11 所示。

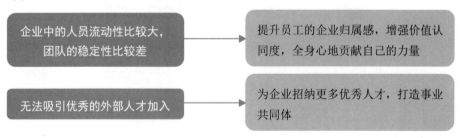

图 6-11　吸引和留住人才的目标分析

078 定对象：确认参与人员范围

确定好股权激励的主要目标后，接下来需要根据这个核心目标来寻找最为合适的激励对象，即"定对象"，具体筛选原则如图 6-12 所示。

图 6-12 "定对象"的筛选原则

1. 筛选第 1 层：依法合规

在选择股权激励对象时，首先要符合相关的法律法规，可以根据《公司法》《证券法》《管理办法》等有关的法规文件和《公司章程》的相关规定，并与公司的实际情况相结合，来进行第一次筛选。

2. 筛选第 2 层：岗位价值

岗位价值是指一个岗位对企业的贡献程度大小，是为排除此岗位在职员工的能力、素质影响的，单纯的岗位价值是选择激励对象的核心因素。

股权激励是一种长期性的激励机制，首先要选择那些能够对于企业发展战略有大局观，能够为企业承担更多责任的人，从而帮助企业做出正确合理的战略规划，提升企业的管理水平并提高企业的核心竞争力。

3. 筛选第 3 层：历史贡献

除了参考员工的岗位价值外，还可以参考他对于企业的历史贡献度，来给予优先激励的权益，或者给予更多的股份。历史贡献度主要看员工从事的工作性质，根据性质的不同，评判其历史贡献的标准也不尽相同。员工的历史贡献度主要表现在以下几个方面。

(1) 资产负债表：看资产总额、资产负债比、资产的构成情况。

(2) 利润表：收入与利润的构成情况。

(3) 现金流量表：在一个固定期间(通常是每月或每季)内，现金(包含银行存款)的增减变动情形。

4. 筛选第 4 层：基本条件

当员工通过前面的筛选条件后，在获得公司股权之前，还可以根据以下基本条件来进一步缩小范围，如图 6-13 所示。

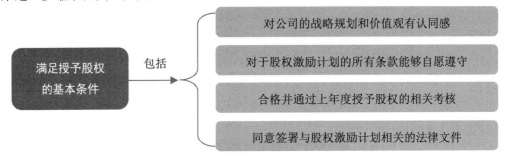

图 6-13 满足授予股权的基本条件

5. 附件：法律依据

下面介绍上市公司和非上市公司对于股权激励对象相关的一些法律依据。

1) 上市公司关于股权激励对象的法律依据

(1) 《关于上市公司实施员工持股计划试点的指导意见》(〔2014〕33 号)。

> (四)员工持股计划是指上市公司根据员工意愿，通过合法方式使员工获得本公司股票并长期持有，股份权益按约定分配给员工的制度安排。员工持股计划的参加对象为公司员工，包括管理层人员。

(2) 《上市公司股权激励管理办法》(2016 年 7 月)。

> 第八条 激励对象可以包括上市公司的董事、高级管理人员、核心技术人员或者核心业务人员，以及公司认为应当激励的对公司经营业绩和未来发展有直接影响的其他员工，但不应当包括独立董事和监事。在境内工作的外籍员工任职上市公司董事、高级管理人员、核心技术人员或者核心业务人员的，可以成为激励对象。
>
> 单独或合计持有上市公司 5%以上股份的股东或实际控制人及其配偶、父母、子女，不得成为激励对象。下列人员也不得成为激励对象：
> (一)最近 12 个月内被证券交易所认定为不适当人选；
> (二)最近 12 个月内被中国证监会及其派出机构认定为不适当人选；
> (三)最近 12 个月内因重大违法违规行为被中国证监会及其派出机构行政处罚或者

采取市场禁入措施；

(四)具有《公司法》规定的不得担任公司董事、高级管理人员情形的；

(五)法律法规规定不得参与上市公司股权激励的；

(六)中国证监会认定的其他情形。

(3) 《股权激励有关事项备忘录1号》(2008年)。

二、主要股东、实际控制人成为激励对象问题

持股5%以上的主要股东或实际控制人原则上不得成为激励对象。除非经股东大会表决通过，且股东大会对该事项进行投票表决时，关联股东须回避表决。

持股5%以上的主要股东或实际控制人的配偶及直系近亲属若符合成为激励对象的条件，可以成为激励对象，但其所获权益应关注是否与其所任职务相匹配。同时股东大会对该事项进行投票表决时，关联股东须回避表决。

七、激励对象资格问题

激励对象不能同时参加两个或以上上市公司的股权激励计划。

(4) 《股权激励有关事项备忘录2号》(2008年)。

一、激励对象问题

1. 上市公司监事会应当对激励对象名单予以核实，并将核实情况在股东大会上予以说明。为确保上市公司监事独立性，充分发挥其监督作用，上市公司监事不得成为股权激励对象。

2. 为充分发挥市场和社会监督作用，公司对外披露股权激励计划草案时，除预留部分外，激励对象为董事、高管人员的，须披露其姓名、职务、获授数量。除董事、高管人员外的其他激励对象，须通过证券交易所网站披露其姓名、职务。同时，公司须发布公告，提示投资者关注证券交易所网站披露内容。预留股份激励对象经董事会确认后，须参照上述要求进行披露。

(5) 《上市公司股权激励管理办法》起草说明(2016年7月)。

二是结合市场各方诉求，进一步明确激励对象的范围。

其一，明确监事不得成为激励对象。监事在上市公司实施股权激励的过程中承担着核查激励对象名单的职能，为了有利于监事保持独立性，充分发挥监督职能，《激励办法》明确监事不得成为激励对象。

其二，明确境内工作的外籍员工可成为激励对象。随着资本市场的国际化，上市公司对外籍员工的股权激励需求日益凸显，《激励办法》明确境内工作的外籍员工可以依规申请开立专用证券账户参与股权激励。对于实际工作地点在境外的外籍员工，因其实际工作地、居住地、缴税地均在境外，参与股权激励将涉及A股的跨境发行，存在一定障碍，故未纳入办法规定。

2) 非上市公司、国有企业关于股权激励对象的法律依据

(1) 《关于国有控股混合所有制企业开展员工持股试点的意见》(〔2016〕133号)。

(一)员工范围。参与持股人员应为在关键岗位工作并对公司经营业绩和持续发展有直接或较大影响的科研人员、经营管理人员和业务骨干，且与本公司签订了劳动合同。

党中央、国务院和地方党委、政府及其部门、机构任命的国有企业领导人员不得持股。外部董事、监事(含职工代表监事)不参与员工持股。如直系亲属多人在同一企业时，只能一人持股。

(2) 《国有科技型企业股权和分红激励暂行办法》(关于财资〔2016〕4号)。

第七条 激励对象为与本企业签订劳动合同的重要技术人员和经营管理人员，具体包括：

(一)关键职务科技成果的主要完成人，重大开发项目的负责人，对主导产品或者核心技术、工艺流程做出重大创新或者改进的主要技术人员。

(二)主持企业全面生产经营工作的高级管理人员，负责企业主要产品(服务)生产经营的中、高级经营管理人员。

(三)通过省、部级及以上人才计划引进的重要技术人才和经营管理人才。

企业不得面向全体员工实施股权或者分红激励。

企业监事、独立董事不得参与企业股权或者分红激励。

第十三条 企业用于股权奖励的激励额不超过近3年税后利润累计形成的净资产增值额的15%。企业实施股权奖励，必须与股权出售相结合。

股权奖励的激励对象，仅限于在本企业连续工作3年以上的重要技术人员。单个获得股权奖励的激励对象，必须以不低于1:1的比例购买企业股权，且获得的股权奖励按激励实施时的评估价值折算，累计不超过300万元。

079 定模式：选择合理激励模式

在第5章中，介绍了15种常见的股权激励模式，不同模式有着各自不同的特点和适用范围。企业在制定股权激励方案内容时，可以根据不同的激励对象，采用不同的激励模式或者多种模式相结合的方式。我们可以结合企业的发展阶段、激励目的和被激励对象等关键因素，来确定具体的股权激励模式，具体步骤如下。

(1) 向企业领导宣讲各种股权激励模式的应用范围、优点和缺陷，让他们了解不同激励模式的特点和区别。

(2) 根据激励目的的内在逻辑，圈定激励模式的主要范围。

(3) 对于不同激励模式的运营方式，进行模拟操作，并且集思广益，与企业领导形成一致的选择。

各种激励模式之间并没有绝对的优劣，需要的只是企业根据自身的内外部环境条件、所要激励的对象，并且结合不同模式的机理，来选择最优的方式而已。选择股权激励模式的主要影响因素如图 6-14 所示。

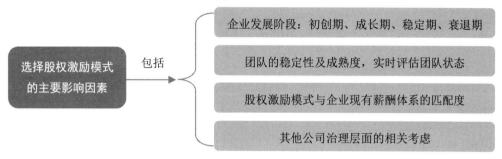

图 6-14　选择股权激励模式的主要影响因素

如表 6-1 所示，笔者总结了 15 种股权激励模式不同方面的对比。

表 6-1　15 种股权激励模式对比

激励模式	激励效果	约束力度	现金流量压力	受股价的影响
干股激励	强	中	小	弱
期权激励	强	中	中	强
限制性股票	强	强	弱	中
股票增值权	中	中	强	强
虚拟股权	中	弱	强	中
延期支付	弱	强	弱	中
业绩股票	强	强	中	中
员工持股计划	弱	强	中	中
虚拟股票期权	中	中	强	中
管理层收购	强	强	弱	中
优先认股权	弱	弱	强	弱
分红回偿	强	强	中	弱
赠予股份	强	弱	弱	强
账面价值增值权	中	中	强	弱
技术入股	中	中	中	弱

080　定时间：做出合理时间安排

在选择合适的激励模式后，接下来需要根据这些模式的具体要求来确定相关的时间点，即做好"定时间"的工作，主要包括确定股权激励的有效期、授权日、限售期和行权期等。

1. 有效期

有效期是指股权激励计划的起止日期，自股份股票授予之日起，至激励对象获得的股份股票全部解除限售或回购注销之日为止。设计股权激励计划的有效期时，需要考虑下面的因素，如图6-15所示。

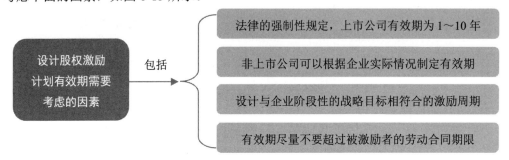

图6-15 设计股权激励计划有效期需要考虑的因素

2. 授权日

授权日是指被激励者获得相关权益的实际日期，生效日是授权日的基础，生效日在前，授权日在后，具体关系如图6-16所示。

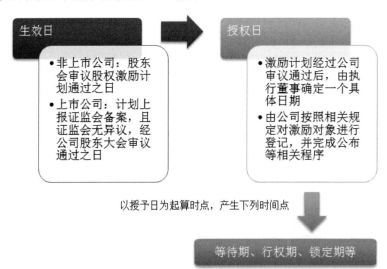

图6-16 生效日与授权日等重要时间点的关系

3. 限售期

限售期又可以称为等待期或锁定期，在这段时间内激励对象不能处理所持股权，不得将其转让、用于担保或偿还债务。在达到股权激励协议约定的相关条件后，激励对象才能拥有完整的处分权。

在设计限售期时千万不能随意设置，而需要根据企业的阶段性战略目标，采用"完成时间相一致"的原则来设计限售期的长短。股权激励计划的限售期的相关分析如图 6-17 所示。

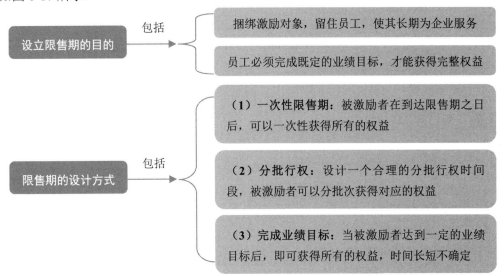

图 6-17　股权激励计划的限售期的相关分析

081　定来源：股份来源获得方式

在进行股权激励时，公司需要拿出一部分股权来分给激励对象，那么这一部分股权是从哪里来的？很多人会回答，股权肯定是从公司里来的。如果是个人独资公司、夫妻股东合伙或者父子合伙等，这种情况下的股权来源就非常简单，直接从自己的股权中切割一部分给激励对象即可。如果公司里面还有其他合伙人，此时股权来源有以下三种渠道。

(1) 股权转让。 合伙人转让一部分自己的股权，员工出资购买，合伙人将股权兑换为现金。

(2) 增资扩股。 增资扩股是一种同比例稀释股权的方式。例如，两个合伙人 A 和 B 共同创建公司，各占 50% 的股份，新加入的合伙人 C 出资向公司购买 10% 的股份，那么从 A 和 B 的股份中各拿出 5% 的股份给新合伙人 C。

(3) 股权池。 即在公司创建之初，就预留了一部分股权建立股权池，给予新加入的合伙人。

下面介绍一个股权激励"定来源"的技巧，如图 6-18 所示。

图 6-18 股权激励"定来源"的技巧

专家提醒

递延支付是相对于即时支付的一种付款方式,通常要借助投资银行,由其待收购公司发行某种形式的票据,作为对目标公司股东的支付。收购方可以利用目标公司带来的现金收入逐步偿还票据。

082 定价格:股份资金来源价格

"定价格"主要是激励标的是否需要花钱购买,以及具体的获取价格。对于上市公司来说,股权激励机制的核心在于股权的获取价格和未来的权益价值之间的差价,这就是被激励者获得的收益,如图 6-19 所示。

图 6-19 上市公司的股权收益算法

对于非上市公司来说,由于没有对应的股票价格作为参考,因此其股权定价更加麻烦,其参考依据主要包括注册资本金、财务报表净资产值以及市场中同类企业采用相同股权激励模式所确定的价格。确定好参考指标后,还可以对价格做出优化调整,从而更好地实现股权激励的目的。

专家提醒

《上市公司股权激励管理办法》对于股权激励的行权价格规定如下。

第二十三条 上市公司在授予激励对象限制性股票时,应当确定授予价格或授予价格的确定方法。

授予价格不得低于股票票面金额,且原则上不得低于下列价格较高者:

(一)股权激励计划草案公布前1个交易日的公司股票交易均价的50%;

(二)股权激励计划草案公布前20个交易日、60个交易日或者120个交易日的公司股票交易均价之一的50%。

上市公司采用其他方法确定限制性股票授予价格的,应当在股权激励计划中对定价依据及定价方式做出说明。

第二十九条 上市公司在授予激励对象股票期权时,应当确定行权价格或者行权价格的确定方法。

行权价格不得低于股票票面金额,且原则上不得低于下列价格较高者:

(一)股权激励计划草案公布前1个交易日的公司股票交易均价;

(二)股权激励计划草案公布前20个交易日、60个交易日或者120个交易日的公司股票交易均价之一。

上市公司采用其他方法确定行权价格的,应当在股权激励计划中对定价依据及定价方式做出说明。

1. 企业注册资本金

对于注册资本金和净资产基本相同的企业来说,可以以注册资本金为参考依据,来设计企业股权的价格。其中,最为简单的定价方式,就是直接将每份股权的获取价格设置为1元。

2. 企业净资产

对于注册资本金和净资产相差较大的企业来说,可以根据公司财务报表净资产值、公司上年度审计净资产值、公司最近一期经评估净资产值等作为标准,得到一个总净资产估值,并除以总股本数量,即可得到每股净资产的价格,作为每股股权的获取价格。

另外,股权激励方案还可以根据公司实际的经营情况,在注册资本金或者每股净资产的基础上,以"公司老板愿意转让"和"公司员工能承受"为原则,设置一个合适的折扣,来设计股权的价格,以加大激励力度。

以某公司发行的虚拟股权为例,公司根据目前的企业资产情况和负债情况,核算截止到2019年12月31日,净资产总额为111万元,将公司股份拆分为100万股,则每股净资产为 1.11 元,以此作为基准日股价。折算方法:以基准日股价为基础的 90% 作为股权的授予价格,即 1.11 元/股×0.9=1 元/股。

3. 参考同类企业的价格

这种方法非常适合高新企业,可以在市场上找一些同行业、同类型的相似的上市企业,以它们的股价作为参考依据,并给予一定的折扣,计算出股权激励的获取价格。毕竟被激励员工也是公司发展的原动力,定价低一点,对员工好一点,也能早日实现大家共同致富的愿望。

083 定数量:激励额度分配依据

除了价格外,公司还需要确定拟用于股权激励计划的股份数额,即"定数量",主要包括股权总量和股权个量两个部分。

1. 确定股权总量

股权总量是指股权激励计划的股权数量总和,包括没有行权的期权等。确定股权总量的基本原则如图 6-20 所示。

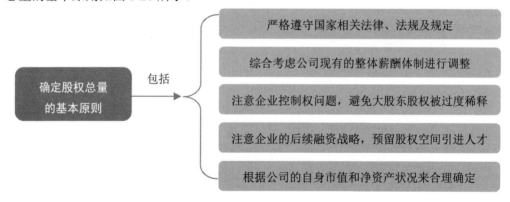

图 6-20 确定股权总量的基本原则

《上市公司股权激励管理办法》对于上市公司的股权激励股份总额度和预留权益的相关规定如下。

第十四条 上市公司可以同时实行多期股权激励计划。同时实行多期股权激励计划的,各期激励计划设立的公司业绩指标应当保持可比性,后期激励计划的公司业绩指标低于前期激励计划的,上市公司应当充分说明其原因与合理性。

上市公司全部在有效期内的股权激励计划所涉及的标的股票总数累计不得超过公司股本总额的 10%。非经股东大会特别决议批准,任何一名激励对象通过全部在有效期内的股权激励计划获授的本公司股票,累计不得超过公司股本总额的 1%。

本条第二款所称股本总额是指股东大会批准最近一次股权激励计划时公司已发行的股本总额。

第十五条　上市公司在推出股权激励计划时，可以设置预留权益，预留比例不得超过本次股权激励计划拟授予权益数量的20%。

上市公司应当在股权激励计划经股东大会审议通过后12个月内，明确预留权益的授予对象；超过12个月未明确激励对象的，预留权益失效。

同时，股权总量的确定还需要注意公司的薪酬水平和企业市值与净资产等因素，具体影响如图6-21所示。

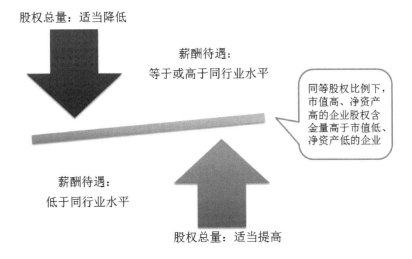

图6-21　根据薪酬水平和企业市值与净资产等因素调整股权总量的方法

2. 确定股权个量

股权个量是指拟用于股权激励计划的每个个体自然人的股权数量。首先，确定股权个量的第一个原则同样是依法合规，下面为《国有科技型企业股权和分红激励暂行办法》(财资〔2016〕4号)中对于股权激励的股本数量规定。

第十条　大型企业的股权激励总额不超过企业总股本的5%；中型企业的股权激励总额不超过企业总股本的10%；小、微型企业的股权激励总额不超过企业总股本的30%，且单个激励对象获得的激励股权不得超过企业总股本的3%。

企业不能因实施股权激励而改变国有控股地位。

第十三条　企业用于股权奖励的激励额不超过近3年税后利润累计形成的净资产增值额的15%。企业实施股权奖励，必须与股权出售相结合。

股权奖励的激励对象，仅限于在本企业连续工作3年以上的重要技术人员。单个获得股权奖励的激励对象，必须以不低于1∶1的比例购买企业股权，且获得的股权奖励按激励实施时的评估价值折算，累计不超过300万元。

对于非上市公司，没有限制股权激励对象的授予额度，企业可以根据实际情况酌情决定，具体原则如图 6-22 所示。

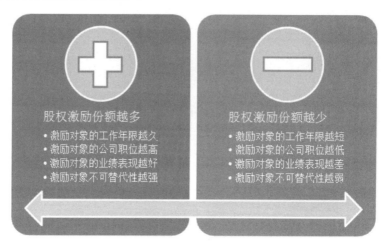

图 6-22 非上市公司股权份额的分配原则

企业可以根据员工的价值和贡献来制定一个评价模式，以分配单个激励对象的股权个量。如图 6-23 所示为某公司股权期权激励制度范本中关于股权期权的授予数量和方式的说明。

第四章 **股权期权的授予数量、方式**

第十一条 股权期权的授予数量总额由股东会决定，股权期权占公司总股份 12%。

一般来说，这个比例通常在10%-30%之间。当然这也看实际业务的需要和需要激励的人员数量。

第十二条 股权期权的授予方式按照受益人所得积分兑换。积分的计提因素包括但不限于受益人的工龄、职位及对项目的贡献度，学历可作为原始积分只计提一次。受益人积分的计算依据在本制度的《实施细则》中做出详细说明。

本方案中采用积分的方式来确定是否最终能够授予期权和实际的授予数量，不同的公司可以设计不同的方法。

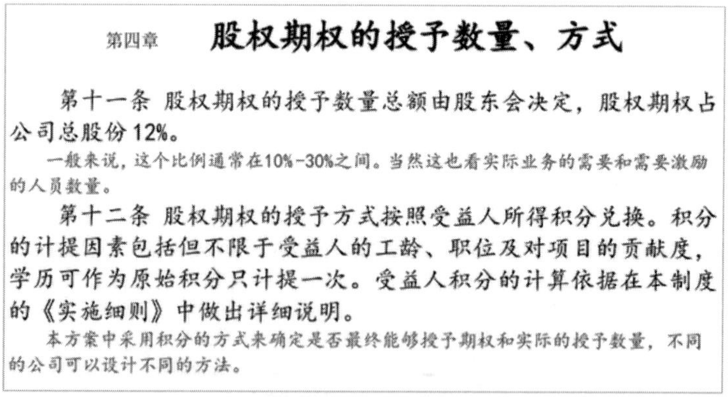

图 6-23 某公司股权期权激励制度范本

084 定规则：确定股权激励制度

在制订股权激励计划时，需要提前制定一系列的制度依据，包括参与规则、行权规则、解锁规则、绩效考核规则和违约责任等，做好“定规则”才能让企业在操作时有法可依，具体规则如图 6-24 所示。

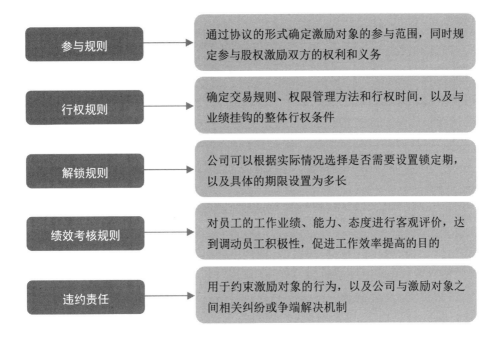

图 6-24 "定规则"的主要内容

制定科学合理的股权激励计划规则,可以提高团队的凝聚力和战斗力,有效激发员工的工作热情,开拓企业与员工双赢的局面。如图 6-25 所示为股权激励计划范本中的绩效考核规则说明。

首次授予的股票期权与限制性股票的各年度绩效考核目标如下:

行权(解锁)期	绩效考核目标
第一个行权(解锁)期	以 2015 年业绩为基数,2016 年度营业收入增长率不低于 30%
第二个行权(解锁)期	以 2015 年业绩为基数,2017 年度营业收入增长率不低于 60%
第三个行权(解锁)期	以 2015 年业绩为基数,2018 年度营业收入增长率不低于 100%

(1) 若预留部分于 2016 年授出,则预留部分各年度绩效考核目标如下:

行权(解锁)期	绩效考核目标
第一个预留行权(解锁)期	以 2015 年业绩为基数,2016 年度营业收入增长率不低于 30%
第二个预留行权(解锁)期	以 2015 年业绩为基数,2017 年度营业收入增长率不低于 60%
第三个预留行权(解锁)期	以 2015 年业绩为基数,2018 年度营业收入增长率不低于 100%

图 6-25 股权激励计划范本中的绩效考核规则说明

(2) 若预留部分于 2017 年授出，则预留部分各年度绩效考核目标如下：

行权（解锁）期	绩效考核目标
第一个预留行权（解锁）期	以 2015 年业绩为基数，2017 年度营业收入增长率不低于 60%
第二个预留行权（解锁）期	以 2015 年业绩为基数，2018 年度营业收入增长率不低于 100%

图 6-25　股权激励计划范本中的绩效考核规则说明(续)

085　定载体：选择合适持股介质

持股载体是指员工持有股权的介质或方式，通常包括员工直接持股、通过公司间接持股以及通过合伙企业间接持股等形式，如图 6-26 所示。

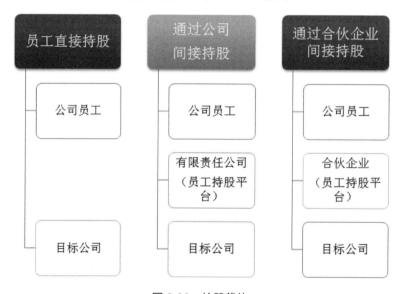

图 6-26　持股载体

员工直接持股是指员工以个人名义持有公司股权，获得公司的股东权利。员工通过公司间接持股是指被激励者共同出资建立有限责任公司，通过该公司来购买股权，然后员工通过持有有限责任公司的股权，来间接持有目标公司的股权。通过合伙企业间接持股是指激励对象依法成立有限合伙企业，通过增资或股权受让的方式持有目标公司股权。这三种持股载体的优缺点对比如表 6-2 所示。

表 6-2 三种持股载体的优缺点对比

持股载体	优 点	缺 点
员工直接持股	税负最低	对员工长期持股约束不足
	操作较为简单	大股东难以回购股权
通过公司间接持股	捆绑员工与企业的利益	税负最高
	法律法规健全，政策风险较小	股东只能同步转让股权
	股权结构可以进行灵活调整	决策力较低
通过合伙企业间接持股	股东做决策时操作更简便	合伙人只能同步转让股权
	比通过公司间接持股的税收稍低	相关法律法规仍不健全，未来面临政策规范的风险
	可以少量地出资完全控制合伙企业	需要承担无限连带责任

086 定机制：确定业绩退出条件

当激励对象获得企业股权后，这些股权如何进行流转、退出和分红等，这些机制同样需要在股权激励计划中确定下来。"定机制"可以增强股权激励计划的稳定性，同时有效避免风险。如图 6-27 所示，为退出机制的相关范本。

1. 退出条件

持有本公司股份 12 个月以上。退出股东经办的借款本、息全部归还，无拖欠情况。

2. 退出情由

公司股东遇到以下情况可申请退出：

1. 公司连续两年不向股东分配利润，而公司在该两年连续盈利，并且符合《公司法》规定的利润分配条件。

2. 对于公司的合并、分立、转让主要财产等重大事件持反对意见。

3. 公司章程规定的营业期限届满或者公司章程规定的其他解散事项出现，股东会议通过决议决定公司不再续存。

4. 公司持续两年以上无法召开股东大会，公司的经营发生严重困难。

5. 公司董事长期冲突，且无法通过董事会或者股东大会解决，公司经营管理发生严重困难。

6. 公司经营管理出现其他严重困难，公司继续存续可能会使股东利益受到重大损失。

3. 退出方式

1. 通过一般的股权转让退出公司 股东向股东以外的人转让股权，应当经其他股东过半数的同意。退出股东应提前三个月就其股权转让事项向公司董事会提出书面申请并通知其他股东，征求其他股东的同意。其他股东自接到该股东的书面申请之日起满三十日未答复的，视为同意转让。经股东同意转让的股权，在同等条件下，其他股东有优先购买权。两个以上股东主张行使优先购买权的，协商确定各自的购买比例；协商不成的，按照转让时各自的出资比例行使优先购买权。退出股东自提交退出申请书的当月起，不再享受公司的利润分红。

2. 通过行使回购请求权，要求公司回购自己所持股份 对于退出股东来说，如果没有受让方愿意另外支付对价来接受其所持股份的转让，而其他股东又同意该股东撤回投资款项，该股东可行使回购请求权，要求公司回购自己所持股份。公司购买该股东股权后，按照其他股东出资比例分摊到其他股东。回购该股东股权的资金分五次退还，每月一次，每次退还总额的 20%。自该股东要求公司回购自己股权之日起，不再享受公司利润分红，且不再拥有在公司相应职位的权力（如股东大会、董事会等会议无表决权，但可以旁听）。

图 6-27 退出机制的相关范本

专家提醒

股权激励通常是一个长期的激励行为，但计划实施过程中激励对象可能会遇到各种情况，如激励对象的职务发生变更、激励对象离职、激励对象死亡、激励对象退休等。此时企业需要制定一系列的调整机制，针对不同的情况来调整股权激励计划，从而保证股权激励计划的正常运行。

第 7 章

22 个技巧，给出股权激励的落地方案

企业的商业模式解决了"干什么、怎么干"的问题，可是没有解决"为谁干、干了之后怎么分"的问题。不解决员工"干"的动力源泉，公司的业务增长可能会一直原地踏步，发展后劲必然不足！股权激励就是一种可以使员工能够以股东的身份参与企业决策、分享利润和承担风险，从而勤勉尽责地为公司的长期发展而服务的激励方法。

087 四维模式：股权激励整体解决方案

制作股权激励的整体解决方案时，可以采用"四维模式"作为基本架构，即激励目的、激励对象、激励时机和激励机制，如图 7-1 所示。

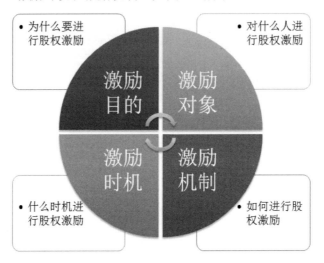

图 7-1　股权激励的"四维模式"

1. 激励目的

股权激励是一种让员工自动自发地工作，让企业基业保持常青的艺术，其主要目的和用途如图 7-2 所示。

图 7-2　股权激励的主要目的和用途

企业在实施股权激励方案前,一定要有明确的激励目的和方向,不能跟风,否则难以获得成功。同时,即使有了明确的股权激励目的,这个目的也必须是"正能量"的,如果动机不纯,也是行不通的。

2. 激励对象

股权激励的对象非常复杂,包括企业中的各种人员,如核心高管、业务团队、非业务团队、企业上下游、利益相关者、"明日之星""时下英雄"和"明日黄花"等。针对不同类型的人,需要采取不一样的激励方法,基本原则是"能为企业创造价值的人",如图7-3所示。

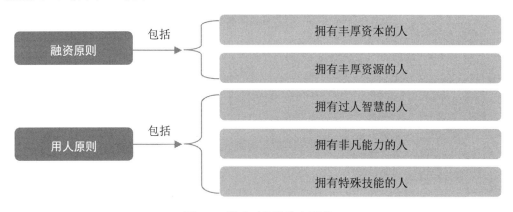

图 7-3　激励对象的基本原则

3. 激励时机

不同的企业通常会处于不同的发展阶段(如图 7-4 所示),其性质、规模各异,做股权激励的目标和重心也不尽相同,因此股权激励的方案也有很大的区别。

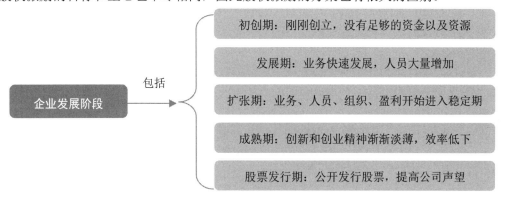

图 7-4　企业各阶段的基本特征

4. 激励机制

激励机制是从技术层面来分析股权激励的具体操作方法,包括激励方式、激励额度、激励条件、约束规章、退出条款等。不同行业、不同发展阶段和不同群体的企业，在进行股权激励时，其激励机制也会不一样，因此企业要根据实际情况来调整自己的股权激励方案。

088 初创型企业：股权方案的四大建议

初创企业普遍的共性就是缺乏资金、缺乏人才、缺乏客户、缺乏管理，等等，发展难度可想而知。股权激励机制对于初创企业有很大的帮助，主要效果如图 7-5 所示。

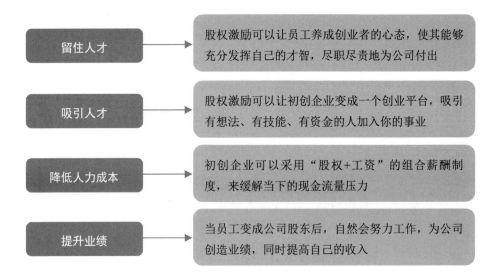

图 7-5 股权激励机制对初创企业的帮助

即便如此，股权激励不是万能的，尤其是风险承受能力非常小的初创企业，在设计股权激励方案时，一定要注意自己的定位，量身定制股权激励方案，下面笔者给出了一些建议。

(1) 股东数量。初创企业的大股东最好控制在 4 人以内，两人或三人是最为稳定的。当然，如果创始人的号召力和影响力非常大，拥有对公司的绝对控股权，这种情况下可以适当放宽。

(2) 股权分配。各个股东的股权分配要讲究"梯次"，从多到少的分配，权力、责任和利益要一一对等，主要创始人要分配较多的股权，切不可平分股权。

(3) 预留股权。在为所有股东分配股权时，最好建立一个股权池，预留一部分股权，用来吸引新的人才和资本加入。

(4) 调整机制。初创企业的股权激励方案必须设计动态调整机制，为企业的后续发展带来更多机会。

例如，成立于 2010 年的小米科技，就是由 7 个合伙人共同创建的，成立之初，其公司估值便达到 2.5 亿美元，如图 7-6 所示。

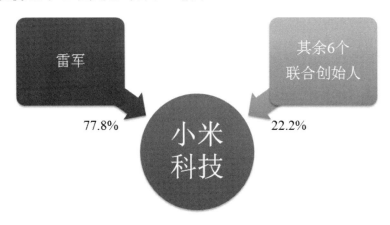

图 7-6　小米科技初创期的股权结构

089　成长型企业：注意误区与选择模式

成长型企业是指在较长的时期内(如 3 年以上)，具有持续挖掘未利用资源能力，不同程度地呈现整体扩张态势，未来发展预期良好的企业，其主要特征如图 7-7 所示。

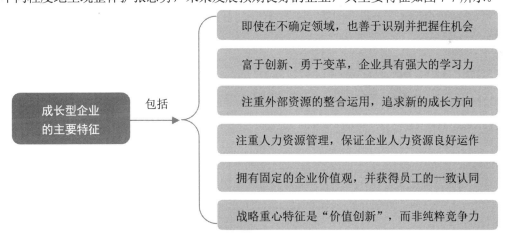

图 7-7　成长型企业的主要特征

对于成长型企业的股权激励方案设计来说，首先要搞清楚进行股权激励的初衷，并不是用来分老板的股份和钱，而是通过这种制度来激励员工创造更多的利润，让员工干企业的活像干自己的活一样努力。

1. 成长型企业股权方案的误区

如图 7-8 所示为成长型企业在设计股权激励方案时的常见误区。

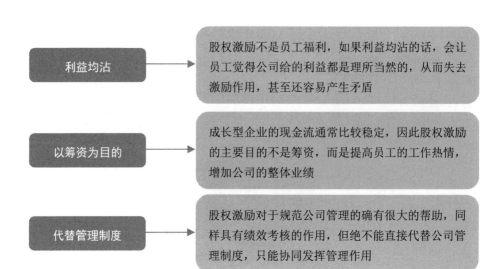

图 7-8　成长型企业在设计股权激励方案时的常见误区

2. 选择适合自己的股权激励模式

很多成长型企业过去常常采用静态的股权激励方案,这种方案往往缺乏持续性和变动性能力,从而导致股权激励失去作用,如图 7-9 所示。

图 7-9　静态股权激励方案容易引起争吵

对于成长型企业来说,笔者建议采用动态股权激励机制,根据员工的贡献来调整股权比例,让他们看到更多希望,为了能够获得高回报而努力工作。动态股权激励模式是在预先分配的每个员工所享有的静态股权比例基础上,按照其贡献和价值来计算股权,可以时时刻刻激活员工内在驱动力,有效促进绩效的不断产生,并维持员工的工作动力。如图 7-10 所示为某公司动态股权激励计划范本中的相关说明。

> **二、激励计划分类及内容**
> **（一）核心人员的动态股权中长期激励计划**
> 本计划适用的激励对象是经董事会遴选的公司首批核心人员及今后于事业发展成熟时陆续遴选补增的核心人员、符合条件的优秀员工。核心人员在核心身份确认后即可参与本计划；符合条件的优秀员工要在前述核心人员的股份动态调整时方可参与（该内容放在非核心人员的激励计划（二）中阐述）。
> 股份作为一种资源，是按照被激励对象所拥有的各种人力资本的价值因素加以分配的。单一的价值因素包括：岗位价值、技能价值、个人特质价值、工龄价值、特殊关系价值、累计绩效价值、当期绩效价值、特殊绩效价值等。一般来说，考虑的价值因素多，并予以合理的侧重，实施效果就更好些。包括：有利于实现公司战略上的多重目标，平衡不同类员工之间的利益分配，也有利于个人的能力和绩效的全面发展，并同时有利于促进员工之间的团结和谐。如果分配时依据的价值因素只有一种，称之为单因素分配法；有两种及以上的因素并列计算，称之为多因素分配法；有两种及以上的因素被考虑，且其中有一种因素和其他一种及以上因素经量化后合并成为一种新因素，再和其他因素并列计算，称之为混合因素分配法。上述方法可以适用于各种资源的分配。结合实际，本公司将选择上述一种或几种分配方法进行激励制度设计。

图 7-10 动态股权激励计划范本中的相关说明

成长型公司在设计动态股权激励计划时，还需要掌握一些基本方法，来兼顾股权激励的长期性和动态性，如图 7-11 所示。

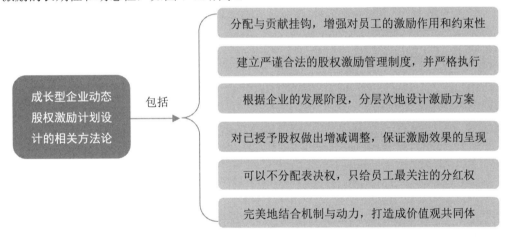

图 7-11 成长型企业动态股权激励计划设计的相关方法论

090 成熟型企业：集团股激励稳步前进

当企业的业务、人员、资金、市场和产品等慢慢稳定，达到成熟期的时候，此时可以回头处理一些内部存留的历史问题。在成熟型企业内部，人才经过多轮更换，留下来的通常是贡献卓越的老员工和实力非凡的新员工。

在这个阶段，企业的子公司股权激励已经基本成型，拥有不错的效果，可以在总部集团内施行不同于其他分公司的股权激励模式，如超额利润激励法、在职分红激励法、注册股激励模式以及集团股激励方式，为企业的扩张添砖加瓦。以集团股激励方式为例，其涉及的机构如图 7-12 所示。

```
集团 → 控股股东为了开展多元化的经营战略，在不同的领域建立了相应的子公司，并且在业务、流通、生产等方面紧密相连，形成一个联盟

参股企业 → 母公司参股的企业以及全资、控股子公司参股的企业，但没有实际的控制权

控股股东 → 是指其出资额占公司资本总额 50%以上的股东，或出资额比例虽然不足 50%，但所享有的表决权足以对股东会、股东大会的决议产生重大影响的股东
```

图 7-12　集团股激励方式涉及的机构

集团股激励计划通常采用分红股的形式，也就是说员工不必实际出资，即可获得公司一定比例的股权，但只享有分红权，无表决权和所有权等股东权利，而且也不可以转让、买卖、继承和赠予，在员工离开公司后即取消。如图 7-13 所示为集团股激励范本中的协议标的说明。

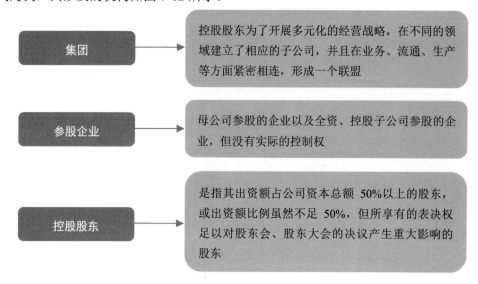

图 7-13　集团股激励范本中的协议标的说明

091　亏损型企业：为公司创造更多利润

能够进行股权激励的企业通常是可以盈利的，或者有发展前景的，否则很难吸引资金入注。股权激励的目的是带着员工一起赚钱，让他们有主人翁的精神，产生更大的积极性。

对于亏损型企业来说，显然就没有"能盈利"这个特点，那么连年亏损的企业能否做股权激励呢？股权的价值并非眼下，而是在于未来的升值空间，因此亏损型企业可以通过"前景"这个特点来吸引员工参加。

亏损型企业可以在启动项目之前，用美好的前景蓝图，让员工知道未来的发展趋势，让他们产生积极的心态，觉得这个项目值得入手，对项目有信心，这是亏损型企业做股权激励的基本条件，如图7-14所示。

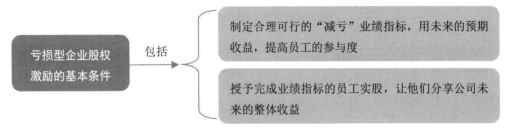

图7-14　亏损型企业股权激励的基本条件

亏损型企业通常经营状况比较差，财务报表也难以拿出手，因此企业的实股对于员工来说几乎没有吸引力，此时可以使用"实股+虚拟股票"相结合的激励模式(如图7-15所示)，让员工为公司创造更多利润，从而实现转亏为盈的目标。

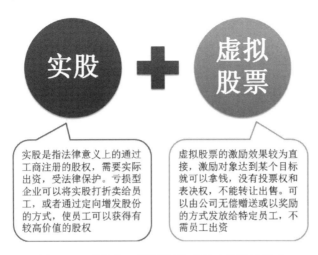

图7-15　"实股+虚拟股票"相结合的激励模式

另外，除了股权激励方式外，亏损型企业还可以综合运用一些"减亏型"激励工具来激励员工，如图 7-16 所示。

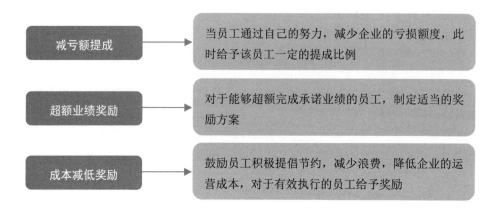

图 7-16　"减亏型"激励工具

092　在职分红法：激励公司核心高管

对于企业中的核心管理层人员，可以采用在职分红的方式，制定一系列的绩效考核要求，对于符合条件的员工，授予相应的分红股。例如，某公司 2017 年的业绩是 150 万元，2018 年的业绩是 200 万元，2019 年的目标业绩设置为 250 万元。同时，根据员工的业绩完成度，给予年底分红，具体的奖励方案如图 7-17 所示。

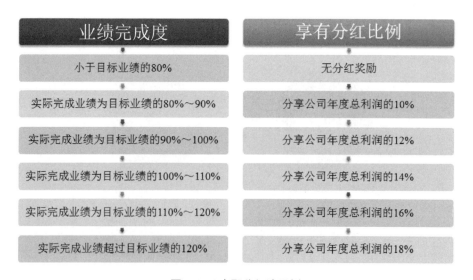

图 7-17　在职分红法示例

例如，某个高管 2019 年实际完成业绩为 280 万元，公司利润为 50 万元，那么他完成了目标业绩的 112%，可以获得的分红比例为 16%，即 50 万元×16%＝8 万元。在职分红法的主要优势如图 7-18 所示。

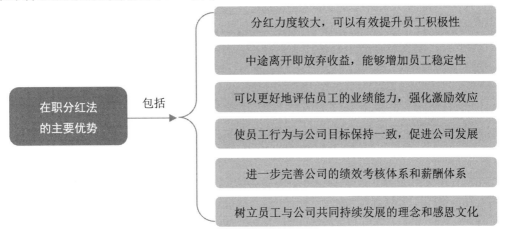

图 7-18　在职分红法的主要优势

093　延期支付法：激励公司核心高管

如果公司高管在年底分红后，立马拿钱走人，这样会给企业带来"人财两空"的损失，因此企业可以采用分批支付分红奖励的方式，建立核心员工的中长期激励约束机制，相关示例如图 7-19 所示。

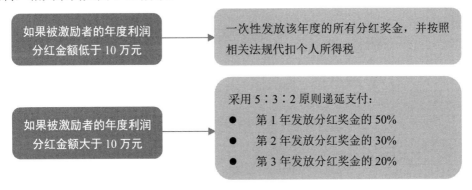

图 7-19　延期支付法

例如，某个高管 2019 年获得的分红奖金为 20 万元。使用延期支付法分为 3 年兑现，具体计算方法如下。

- 第 1 年：20 万元×50%=10 万元。
- 第 2 年：20 万元×30%=6 万元。
- 第 3 年：20 万元×20%=4 万元。

专家提醒

在职分红法主要针对在职员工,通常会对激励对象的岗位状态做一定的要求。

- 公司向激励对象发放利润分红时,激励对象必须在岗在职。
- 实际发放分红奖金时,如果员工已经不在岗在职,则无权享受激励分红。

094 期权激励法:激励公司核心高管

当企业高管完成了公司安排的业绩考核后,对于这些优秀的人才,公司可以运用期权激励法,给予他们分配公司实股,相关的方案示例如图7-20所示。

时间:2019年年初
股价:10元

公司某高管职工参与在职分红股激励计划,同时与公司约定,满足考核要求即可获得1万股的股份,到期后也可以选择不行权

时间:2019年年底
股价:15元

该高管职工达到公司的考核标准,同时公司发展壮大,经济效益得到大幅提高,股价升值到15元,该高管有权选择以10元的价格买入1万股,购进后通过出售获得5万元的差价收益

图 7-20 期权激励法示例

期权激励法主要是通过未来的高收益,激发员工的工作积极性,促使他们完成公司安排的业绩目标,同时让公司的整体价值得到提升,是一种"一举两得"的股权激励方案。

专家提醒

对于优秀的企业高管,在期权激励法的基础上,公司还可以采用下列激励措施。

- 职位晋升。
- 下一年度时增加股份比例。

095　干股激励法1：激励公司核心团队

干股激励法主要是针对公司核心团队的激励方案，这样可以让公司其他员工明白，只有让自己变得更加优秀，成为公司的核心人才，才能获得更多收益，可以激发所有员工的上进心。如图 7-21 所示为干股激励法的主要激励对象范围，以及相关的资格条件。

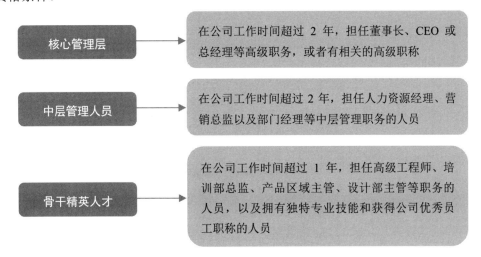

图 7-21　干股激励法的主要激励对象

在给公司核心团队成员分配股权时，可以将其拆分为"岗位股＋绩效股＋工龄股"的组合形式，根据激励对象的实际情况来发放，如表 7-1 所示。

表 7-1　干股激励法的持股数量分配原则

股权类型	分配原则
岗位股	按照职位的高低，设置相应的股权数量
	同一个职位层次，根据具体贡献程度设置一个合理的波动范围
绩效股	根据员工的个人实际绩效，来确定股权的增减幅度
	制定一个合理的最低绩效标准，达不到要求的，将取消这部分的激励资格
	对公司有重大贡献的员工，可酌情增加干股数量
工龄股	根据员工在公司的实际工作年限，来分配适当的工龄股
	建议标准：工作年限每满一年，则增加 100 股，如工作满 5 年的分配 500 股
计算方法	岗位股＋绩效股＋工龄股＝当年享有的股权数额

在满足一定的条件下，持有干股的员工可以出资购买自己手里的干股，从而将其

转换为实股。同时，公司也可以给予员工更低的折扣价格，让优秀员工成为公司的实际股东，从而让他们承担更多的责任。如图 7-22 所示为干股股权激励协议书范本中的权利和义务说明。

```
1. 甲方权利义务
（1）甲方有权根据实际情况分配乙方干股股份比例和数量，并根据公司发展情况、乙方工作业绩等做出相应调整。
（2）在乙方违反本协议时，甲方有权提前解除合同，收回干股股份。
（3）甲方根据协议向乙方核算、结算干股分红款。

2. 乙方权利义务
（1）乙方获得干股无须进行货币、实物、土地使用权等的实际投入。
（2）乙方有权根据本协议享受干股分红。
（3）乙方需较非员工股东更加勤勉尽责，带头遵守、尊重甲方公司各项规章制度，维护甲方公司利益和商誉。
（4）乙方不得泄漏甲方公司客户名单、技术信息等商业秘密，不得收受商业贿赂或回扣，或以其他形式侵占、损害公司利益和商誉。乙方在本协议期间及终止后____年内不得在与甲方生产同类产品、经营同类业务或有其他竞争关系的用人单位任职，也不得自己生产、经营与甲方有竞争关系的同类产品或经营同类业务。否则，甲方公司有权要求退还全部红款，并追究乙方违约责任。
（5）乙方与甲方应当重新签订劳动合同以适应本协议相关内容。
```

图 7-22 干股股权激励协议书范本中的权利和义务说明

干股激励制度适合股本小的初创企业、营业能力欠佳的企业，短期内无法拿出大笔资金来激励核心员工，这种情况下就可以尝试干股激励法，或许能收获意想不到的效果。

096　干股激励法2：激励"未来之星"

企业为了在激烈的市场竞争中求得发展，必须有中坚管理阶层和优秀的人才，除了外聘，很多企业越来越重视培养自己的核心人才，打造能够带领企业乘风破浪的尖兵，而这些人就是企业的"未来之星"。

虽然"未来之星"当下还没有做出很明显的贡献，但他们有理想、有担当、敢打敢拼，工作后劲非常充足，发展潜力不容小觑。未来，这些人很有可能成为公司的高级管理人员或者技术骨干，推动公司的发展。因此，公司可以针对这部分人群，制订合适的激励计划，让他们看到更广大的发展空间。

1. 干股激励法的优势

干股激励法同样是企业"未来之星"的最佳激励方案，而且这种激励的权益也是在未来实现，对于能够达到绩效标准的人才来说，他们也可以选择将干股转化为实股，获得更多的股东权利。企业采用干股激励法的好处如图 7-23 所示。

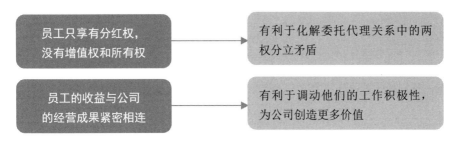

图 7-23　企业采用干股激励法的好处

2. 具体的分配方式

干股激励法的收益与员工的绩效是挂钩的,下面通过一个案例来进行具体说明。例如,小李起初在某公司的分店担任业务员,业务能力非常突出,进入公司后的绩效一直非常稳定。公司高层决定提升小李为该分店店长,并对其进行干股激励,同时做出了以下规定。

(1) 小李所在分店 2019 年的销售额达到 500 万元。

(2) 小李所在分店 2019 年的总利润达到 100 万元。

(3) 达到上述要求后,小李可以获得利润额 10% 的分红。具体的分红比例如图 7-24 所示。

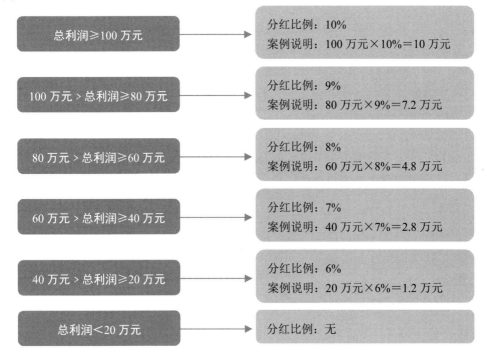

图 7-24　具体分红比例

通过干股激励法，小李的分红收益波动范围非常大，远远超过了自己的工资收入，因此他会更加努力地工作，提升店铺业绩，降低成本，让门店的总利润得到提升，进而获得更多回报。

专家提醒

需要注意的是，采用干股激励法时，需要设定一个合理的绩效目标，能够符合公司和激励对象的心理预期，否则，激励效果会大打折扣。

097 金色降落伞法：激励"明日黄花"

"明日黄花"主要是指公司的老员工，是公司中劳苦功高的人，为公司的发展立下汗马功劳，但随着公司的壮大，他们无法再创造更多的岗位价值，而且也成为新人晋升的"拦路虎"。此时，公司也可以采用"重奖励、轻激励"的"金色降落伞法"来激励这些老员工，让他们平稳、满意地退居二线。下面介绍"金色降落伞法"的具体操作方法，如图7-25所示。

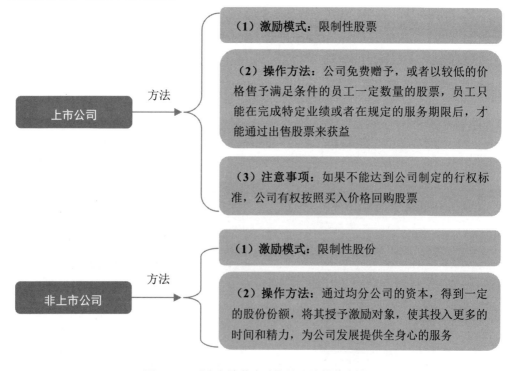

图7-25 "金色降落伞法"的具体操作方法

限制性股份存在一定时间的禁售期，如果持股员工在此之前就离职了，他拥有的限制性股份也会同时被公司回购，其实施策略如图7-26所示。

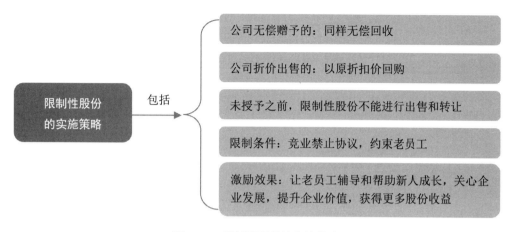

图 7-26　限制性股份的实施策略

098　超额利润法：激励核心高管

很多时候，老板愿意将公司的股份拿出来与核心高管分享，但会遇到高管不领情的情况。在高管看来，公司股份与自己的利益没有什么关系，对公司的发展不抱希望，因此更愿意拿着自己的薪水过日子。其实这种现象的背后，可能是高管对于老板的风格不够认同，公司管理层和领导层之间的沟通出现脱节，相关场景演示如图 7-27 所示。

图 7-27　核心高管与老板的对话场景演示

1. 磨合关系

其实，出现这种现象，也不能完全怪核心高管没有眼光，这是因为老板常年与员工脱节，导致他们产生了严重的"打工者"心态。建议老板可以通过一段时间来慢慢磨合彼此的关系，具体方法如图 7-28 所示。

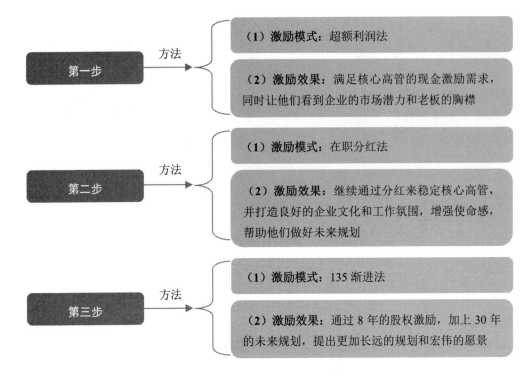

图 7-28　磨合关系的步骤

2. 操作案例

首先要用到的就是超额利润法，老板可以先给核心高管设定一个目标利润，如 100 万元的年度利润，假设核心高管创造的实际年度利润为 X，则具体操作方法如图 7-29 所示。

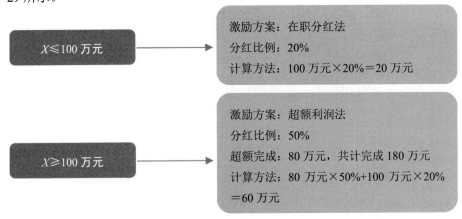

图 7-29　超额利润法操作示例

3. 目标设定

超额利润法可以充分表现老板的诚心，对于企业来说并没有本质上的损害，而且还能够激发那些对现金奖励感兴趣的核心高管的工作积极性。如果老板愿意接受这种激励方案，而核心高管也比较喜欢这样的方式，即可开始设定超额利润的激励目标。目标的设定一定要符合公司的实际能力，不能太高或太低，太高会让人望而生畏，太低则会影响企业的自身利润，必须让老板和核心高管都能接受。

例如，某公司 2018 年的目标利润为 500 万元，当年也确实超额完成，在 2019 年开始采用超额利润法进行激励时，可以在此数据基础上来设定目标利润指标，具体计算公式如下。

$$500 万元 \times (1+10\%) \times (1+20\%) = 660 万元$$

其中，(1＋10%)为无风险利率，这个可以根据往年的超额利润算出具体的数值；(1＋20%)为企业的增长率，是现期的收益和上期收益之比，环比可预测企业的增长能力。

> **专家提醒**
>
> 无风险利率是指将资金投资于某一项没有任何风险的投资对象而能得到的利息率，是一种理想的投资收益，一般受基准利率影响。

099　135 渐进法：激励核心高管

"135 渐进法"同样是一种在职分红的衍生激励方案，可以进一步完善公司的激励机制，提升核心高管的积极性和创造性，促进公司业绩的持续增长。同时，随着公司价值的提升，也能够为核心高管带来更多增值利益，实现双方的共同发展，最终达到股东与核心高管团队形成事业共同体的目的。

"135 渐进法"的具体含义如图 7-30 所示。"135 渐进法"的激励时间周期长达 8 年之久，激励对象必须在锁定期结束后，才能进行股份注册，这也是正常情况下一个核心高管成长为企业股东所需要的时间。

图 7-30　"135 渐进法"的具体含义

通常情况下，对于在企业工作时间不满一年的核心高管，不建议给他们直接分配股份。企业在给核心高管注册股份时，通常需要满足以下几个条件。

- 在企业的工作时间比较长，至少超过一年。
- 核心高管和老板彼此间非常了解。
- 核心高管的人品好，有良好的道德修养。

对于符合上述要求的核心高管，可以通过岗位价值评估法，设置一个预设股份额度和一年的期限，观察核心高管到期后的具体表现，并根据实际情况将其转化为具体比例来给予实股。

例如，公司的总股数为 100 万股，第一年分配给核心高管 8 万股，第 2 年给 7 万股，第 3 年给 5 万股，则 3 年后该核心高管共计获得 20 万股，平均每年获得的股份约为 6.67 万股。此时，公司的总股数量达到了 120 万股，则该核心高管的注册股份比例为：6.67 万股÷(100 万股＋6.67 万股)＝6.25%。

当 3 年在职考核期完成后，激励对象步入 5 年锁定期。如图 7-31 所示为"135 渐进法"股权激励方案范本中的锁定期相关说明。

图 7-31 "135 渐进法"股权激励方案范本中的锁定期相关说明

另外，"135 渐进法"股权激励方案还需要设计退出机制，即在什么情况下，公司可以终止对核心高管的激励。如图 7-32 所示为"135 渐进法"股权激励方案范本中的退出机制相关说明。

> **专家提醒**
>
> "135 渐进法"激励方案的激励对象通常主要为公司总监级及以上职位的高级管理人员。

十、退出机制

1. 从本激励方案有效之日起，激励对象如发生以下事由（包括但不限于）之一，自情况经公司董事会核实之日起即丧失激励资格，公司无条件收回其已经获授的激励股份期权，已完成股份增发的，公司有权按照公司股权市场评估价由公司的第一大股东优先回购；情节严重的，公司依法追究其赔偿责任，并有权根据公司规章制度给予其相应处罚（相应处罚包括但不限于停止参与公司一切激励计划、取消职位资格甚至解除劳动合同关系）；构成犯罪的，公司应将其移送司法机关追究刑事责任。

(1) 因不能胜任工作岗位（职位）、违背职业道德、失职渎职等行为严重损害公司利益或声誉而导致的降职、调岗、解除劳动合同关系。

(2) 公司有足够的证据证明激励对象在公司任职期间，由于受贿索贿、贪污盗窃、泄露公司经营和技术秘密、损害公司声誉等行为，给公司造成损失的。

(3) 以任何形式（直接或间接）从事与公司及/或其下属公司或关联公司相同或相近的业务。

(4) 自行离职或被公司辞退。

(5) 失踪（包括宣告失踪）、死亡（包括宣告死亡）。

(6) 违反公司章程、公司管理制度、保密制度、与公司签署的保密及竞业限制协议等其他行为。

(7) 违反国家法律法规并被刑事处罚的其他行为。

(8) 从事其他被公司董事会认定的不当行为。

2. 从本激励方案有效之日起，如果激励对象伤残、丧失行为能力，自情况经公司董事会核实之日起即丧失激励资格，已完成注册登记的按其个人意愿选择以公司股权的市场评估价计算股价由公司第一大股东优先回购或继续享有股东权益。

图 7-32 "135 渐进法"股权激励方案范本中的退出机制相关说明

100 5 步连环法：激励业务团队

"5 步连环法"是一种针对公司业务团队的激励方案，其主要特点就是"组合模式"和"多层结构"，如图 7-33 所示。

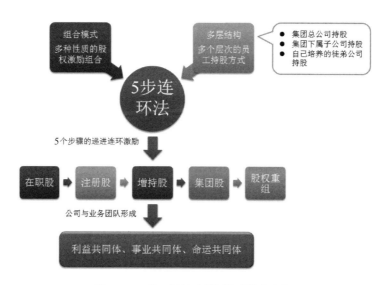

图 7-33 "5 步连环法"激励模式分析

业务团队通常包括以下两种常见类型。

- 集团总公司分布在全球各地的分公司、子公司。
- 公司总部的各个业务部门。

其实，总部与各个分公司或部门的激励模式都是一致的。如果总部的分公司和部门非常多，那么具体激励的额度要怎么分配呢？如果公司有非常好的商业模式和盈利模式，利润比较大，则可以把所有"表面上"的利润都返还给业务团队，而公司则通过隐性利润来获利，这也是"5步连环法"的本质所在。

例如，某个火锅连锁店，在全国开了100家分店，所有店铺的经营场所都归总部所有，所有食材也由总部提供。那么，总部可以将分店赚得的利润全部返给店里的优秀员工和管理层，然后自己获得房租、加盟费和供应食材的利润。

"5步连环法"主要是通过简化"十定"原则，将股权激励分解为5个实施步骤，如图7-34所示，通过这种递进连环的激励方式增强企业业务团队的凝聚力、向心力和战斗力。

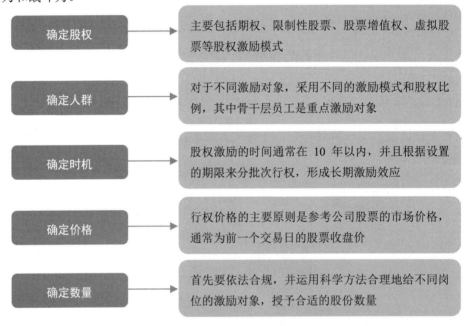

图7-34 "5步连环法"的实施步骤

101 7步激励法：激励企业上下游

除了内部员工外，企业的运行还需要很多上下游的合作伙伴，通过内外结合共同推动企业前进。

(1) 上游：通常是指本企业的材料、产品供应商。

(2) 下游：通常是指企业产品的经销、分包单位。

因此，企业也需要对这些上下游的合伙人进行激励，加强产业链上下游的合作关系，调动他们的力量，为己所用，让他们助力企业发展。激励上下游主要用到"7步激励法"，具体方案如图7-35所示。

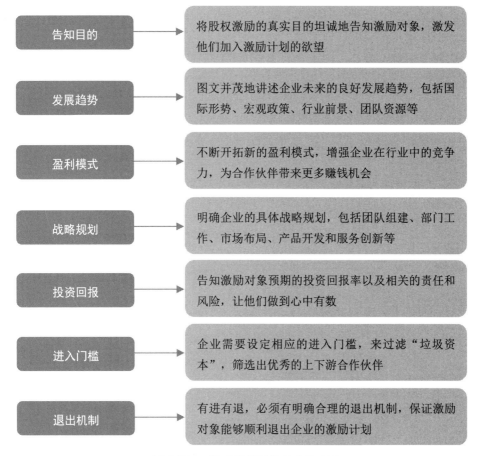

图 7-35 "7 步激励法"的实施步骤

102 内部孵化法：激励内部创业者

如今，公司平台化成为一种发展趋势，大量企业通过"内部孵化法"来提升内部员工的创业激情，让他们能够借助公司平台实现自主创新创业。

1. 内部孵化的准备工作

企业在做内部创业孵化之前，还需要做好以下准备工作。

(1) 方案规划：内部孵化要制订一个详细的方案，并做好具体的规划，用来指导项目由谁来做，以及如何做。

(2) 人才团队：创业的成功离不开人才的支持，企业可以在内部认真挑选合适的人才，也可以从外部招聘人才，打造强大的创业团队，并安排专人负责项目。

(3) 征集项目：面向企业内部员工征集创业项目，帮助有想法、有创意的员工实现自己的梦想。

(4) 项目分析：分析和判断员工提供的所有项目的可行性和关联性，通过优胜劣汰，保留最适合、最值得投资的项目。

(5) 规章制度：建立公正公平的规章制度，保证内部创业项目的正常实施，让员工的需求和想法得到满足。

(6) 避免冲突：在进行内部创业孵化的同时，企业自身的核心业务也不能落下，必须各司其职，保证企业的正常运转。

(7) 成本预算：每个创业项目都需要场地和资金的支持，企业必须做好成本预算，合理投入资金和各种资源，并为创业者提供专业指导。

2. 内部孵化的案例说明

例如，完美世界建立了一套研发孵化机制，鼓励员工进行内部创业，并且将内部创业划分为4个阶段，给予不同的资源支持和奖励，如图7-36所示。

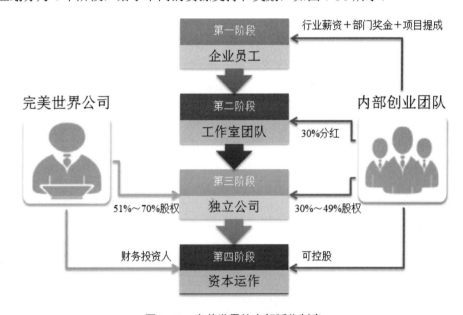

图 7-36 完美世界的内部孵化制度

完美世界的内部创业，每个阶段都设置了清晰明确的进阶指标，并提供不同的资源支持(如图7-37所示)，每个阶段达到条件即可进阶。通过这种内部孵化制度的激励方案，完美世界担纲"桥梁"和载体，成功孵化出乐道、祖龙、闲游、逍遥、热点等一大批子公司。

例如，乐道互动科技有限公司(以下简称：乐道)的前身为成立于2007年的百战工作室，研发了《神雕侠侣》系列、《暗黑黎明》系列、《魔力宝贝》等作品，如图7-38所示。乐道CEO及实际控制人葛志辉于2014年正式组建乐道公司，由天津卡乐互动100%控股，其中完美世界公司只持有30%股权。

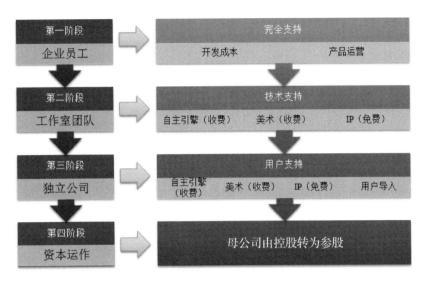

图 7-37 完美世界为内部孵化提供的资源支持

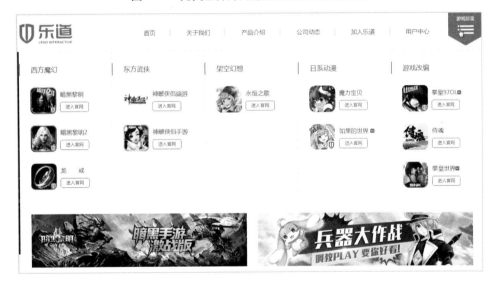

图 7-38 乐道主要产品

103 连锁模式合伙法：激励分店

连锁经营是企业总部通过直营连锁、自愿连锁、特许连锁等方式开设大量门店、发展壮大自身实力和规模的一种经营模式。

1. 连锁经营的三大类型

如图 7-39 所示为连锁经营常见的 3 种类型。

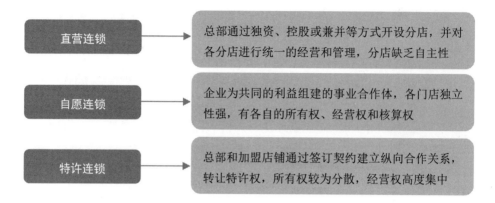

图 7-39 连锁经营常见的 3 种类型

2. 连锁经营的激励方案

随着店铺数量越来越多，连锁经营者需要设计一种利益共享、风险共担的长效激励方案，降低分店的员工流动性，保证各个分店高效有序地运转，激发一线员工的旺盛斗志。

1) 拉夏贝尔：店铺合伙人

例如，拉夏贝尔采用"店铺合伙人"的激励方案，让店员成为"店铺合伙人"，根据店铺业绩参与分享企业经营成果，具体方法如图 7-40 所示。

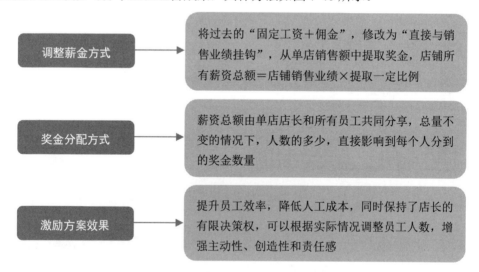

图 7-40 拉夏贝尔"店铺合伙人"激励方案

2) 西贝：创业分部+赛场制

再如，西贝采用的"创业分部+赛场制"激励方案，打造西贝式"合伙人计划"，如图 7-41 所示。西贝餐饮创始人、董事长贾国龙表示："第一，我们要往现代风格上转,符合综合体的整体氛围;第二,店要变小。"截止到 2019 年 4 月 12 日,西贝在全国共发展了 336 家门店。

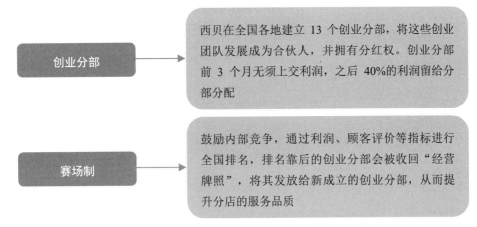

图 7-41　西贝的"创业分部+赛场制"激励方案

104　并购基金模式:激励分公司

并购基金(Buyout Funds)主要作用在于获取标的企业的控制权,然后通过企业上市或股权转让,来获得丰厚的回报,其本质上是一种私募股权的投资方式。并购基金主要包括控股型并购基金和参股型并购基金两种运作模式,如图 7-42 所示。

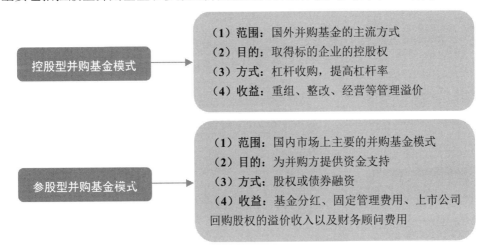

图 7-42　并购基金的两种运作模式

例如,爱尔眼科医院集团是知名的全球连锁眼科医疗机构,IPO 上市医疗机构。截至 2019 年,爱尔眼科已在国内建立 270 余家专业眼科医院。爱尔眼科在上市母公司外部,采用并购基金模式来投资多家医院,具体方案如图 7-43 所示。

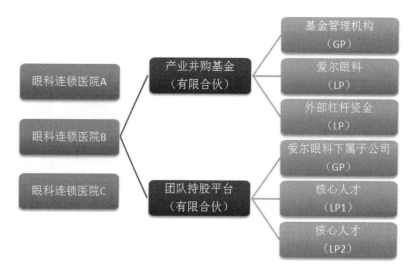

图 7-43 爱尔眼科的并购基金模式

专家提醒

LP(Limited Partner)是指有限合伙人,可以简单地理解为项目出资人。GP(General Partner)是指普通合伙人。很多时候,GP 和 LP 可以同时存在。

爱尔眼科并购基金模式的主要优势如图 7-44 所示。

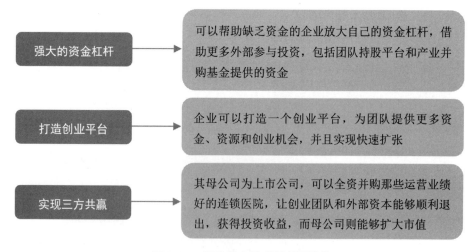

图 7-44 并购基金模式的主要优势

105 分红权转实股:激励核心骨干

核心骨干是指能够直接影响企业业绩和发展战略的人员,包括负责生产、研发、技术、销售和管理等事务的人员。企业可以通过无偿赠予或者优惠价格出让等方式，赋予激励对象一定数量的虚拟股份，让员工享有年度分红权，但不享有表决权和增值权。同时，将该分红权收益拆分为两个部分，设置一小部分当期现金兑现，而剩余的大部分虚拟股权则建立一个专用账户来留存，用于以后购买公司的实股，相关分析如图 7-45 所示。

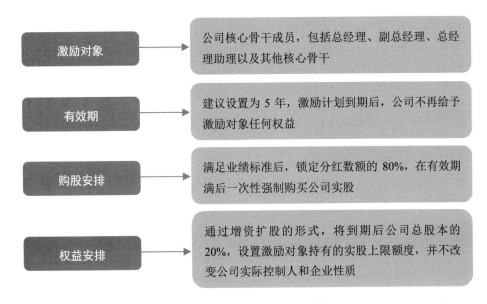

图 7-45　分红权转实股的相关分析

106　股权绑定法：激励公司经销商

股权绑定机制是指通过分批兑现股权的方式，绑定公司的各个合伙人。股权绑定机制的主要好处为：当合伙人之间的股份分配不公平时，可以通过后期调整有效平衡这种情况，将股权给予真正对公司有价值的人。

1. 格力集团：建立产权关系

例如，创立于 1985 年的珠海格力集团，是一家集研发、生产、销售、服务于一体的国际化家电企业，拥有格力、TOSOT、晶弘三大品牌，如图 7-46 所示。2007 年，格力集团与河北京海担保投资有限公司签订《股权转让协议》，将旗下格力电器公司的 8054.1 万股转让给对方。格力集团的主要目的是更好地捆绑经销商，与其建立起一种产权关系，实现战略协同。

2. 宁德时代：深化战略合作

再如，2018 年 7 月 17 日，宁德时代与华晨宝马签署《战略合作协议》(如图 7-47

所示)，华晨宝马有权对宁德时代公司进行股权投资，该项投资的初始预付金额为28.525亿元，同时双方还签订了《长期采购协议》。

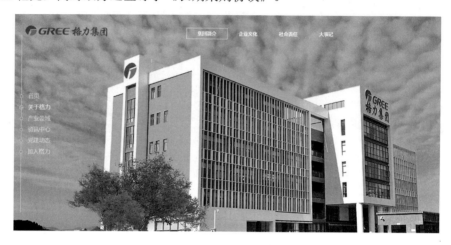

图 7-46　格力集团官网

二、协议的主要内容

1. 合作内容

（1）项目购买安排

为保障长期供货的产品生产能力，华晨宝马向公司购买电池产能建设项目，项目金额为人民币8.15亿元。该项目将用于为华晨宝马或其指定关联方生产和供应指定产品。具体由双方另行签署《项目购买协议》。

（2）长期采购安排

华晨宝马将向公司长期采购指定型号的动力电池产品，并为此向公司支付人民币28.525亿元的初始预付款。具体由双方另行签署《长期采购协议》。

（3）股权投资安排

公司同意在后续实施境内或境外股权融资时（如公司实施A股非公开或者H股IPO），华晨宝马有权对公司进行股权投资，该项投资上限金额为人民币28.525亿元，具体投资方案以届时公司股东大会审议通过的方案为准。

2. 协议各方的主要权利和义务

（1）华晨宝马应按照协议约定向公司支付预付款。

（2）在约定的行权条件获得满足的情况下，公司或华晨宝马有权在约定期限内书面通知对方行权。

（3）公司控股股东瑞庭投资及实际控制人曾毓群、李平在该战略合作协议项下承诺，其将在符合法律法规以及证监会和交易所要求的前提下尽合理最大努力促使公司履行相关义务。

3. 协议的生效条件、有效期限

（1）生效条件

(a) 本协议已由公司股东大会审议通过；

(b) 本协议已由华晨宝马董事会审议通过；

(c) 长期采购协议及项目购买协议已生效。

图 7-47　宁德时代与华晨宝马签署的《战略合作协议》内容节选

宁德时代运用股权绑定法，同车企客户之间实施股权绑定，从制度上将二者的利益牢牢捆绑在一起，进一步发挥各自优势，实现互利共赢。

107　增值权激励法："国退民进"

增值权激励法是非上市公司中针对经理人常用的激励方案，主要激励标的其实就是股票增值权,其核心原则为"不动存量动增量",是一种典型的账面增值权模式,如图 7-48 所示。

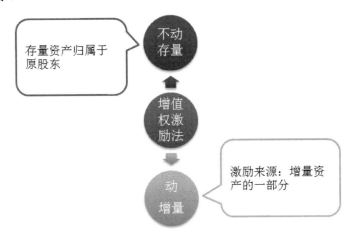

图 7-48 增值权激励法

例如,TCL 的"阿波罗计划"就是一种增值权激励法,TCL 集团董事长、CEO 李东生采用"增量奖股"的方式,巧妙、合理地平衡国家、地方和企业三者之间的利益,如图 7-49 所示。

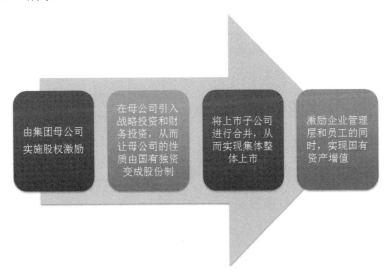

图 7-49 TCL 的"阿波罗计划"

增值权激励法让 TCL 从一家地方国有小企业成长为一个全球化大型集团。据悉,TCL 从 1999 年开始实施员工持股计划,5 年时间便取得了巨大的成功,如图 7-50 所示。

图 7-50　TCL 股权激励短短 5 年内取得的成就

108　全员劳动股份制：激励分支机构

全员劳动股份制非常适合人力资本依附性较强的企业，通过将资本定量化处理，然后按照知识和能力来分配的方式，很好地绑定企业高管和核心员工的利益，形成长期的激励作用。例如，慧聪网早在 1997 年 10 月就开始实行全员劳动股份制激励模式，由创始人郭凡生设计，主要激励对象为主管以上的管理人员，并实行"买一送二"的优惠价格让利给这些核心骨干成员，如图 7-51 所示。

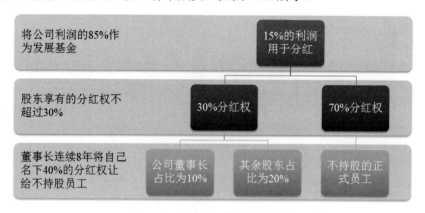

图 7-51　慧聪网的全员劳动股份制

慧聪网从 1997 年开始实施股权激励计划，到 2003 年公司上市时，已经拥有 126 名内部原始股东。为了预防发生高管跳槽的现象，防止他们自立门户与公司业务产生竞争，慧聪网在股权激励协议中对于退出机制做了明确的说明，如图 7-52 所示。

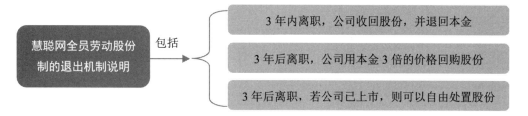

图 7-52 慧聪网全员劳动股份制的退出机制说明

郭凡生表示:"我们要成为中国互联网企业中第一家真正全员持股的公司,只要你是慧聪人,你就将成为慧聪的股东。"

同时,慧聪网在 30 多个城市开设了分支机构,由总部全额投资建立,并调配相应的人力物力资源。总部享受分支机构的资本升值,而分支机构则获得干股,只需要完成总部安排的年度目标,不持股员工即可获得 60%的可分配利润分红,让公司的所有员工能够牢牢地稳定下来,如图 7-53 所示。

图 7-53 分支机构的分红制度

慧聪网的全员劳动分红制度,有利于稳定住公司里的老员工和招进优秀的新人,让公司成功地发展、壮大和转型。

专家提醒

分享精神是慧聪网与生俱来的基因,这一制度不仅使公司的员工更加团结,同时也极大地调动了员工的积极性。

第 8 章

16 个事项，实施股权激励的具体方案

一家企业，其实是一个由很多人的利益紧密相融合而形成的特殊实体，通常包括股权、治权和文化三个基本因素。其中，股权是企业管理模式和利益分配的关键所在。

本章主要介绍实施股权激励的具体方案，包括实施原则、实施流程、实施机构和实施要点等，这些都是笔者多年实践的经验积累和提炼，能够给创业者带来有意义的启发。

109 实施原则：形成利益共同体

不同的公司通常都有自己的特点，因此在做股权激励方案时，即使选择同样的激励模式，也会有不同的过程、状态和结果。但是，所有的股权激励方案都应该遵循以下几个基本原则，如图8-1所示，这样才能让公司形成真正的利益共同体。

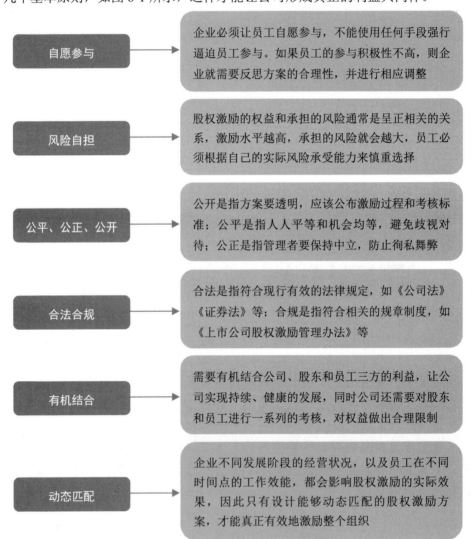

图 8-1　股权激励方案的实施原则

股权激励对于企业最明显的作用就是把"外人"变"亲人"，让员工真正变成自己的人，让公司、股东和员工形成长期性的利益共同体。

110 实施流程 1：公示方案

当公司设计好合适的股权激励方案后，接下来即可开始正式启动股权激励计划，基本实施流程如图 8-2 所示。

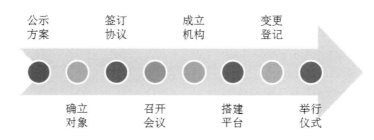

图 8-2　股权激励方案的实施流程

股权激励方案实施的第一步就是"公示方案"，让所有员工了解股权激励方案的基本内容，以及相关的权利和义务，具体内容如图 8-3 所示。

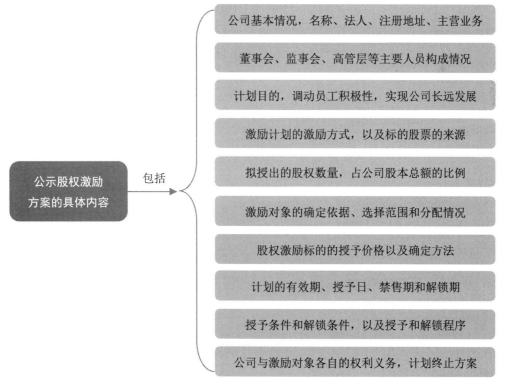

图 8-3　公示股权激励方案的具体内容

如图 8-4 所示为中国联通限制性股票激励计划(草案修订稿)及首期授予方案(草案修订稿)摘要公告的部分内容。

图 8-4　中国联通公示的股权激励方案内容

111　实施流程 2：确立对象

在股权方案中，必须确定好激励对象或者相关的范围和条件，并跟踪方案落实到具体的员工个人，制定最终的被激励者名单，相关范本如图 8-5 所示。公司可以通过绩效考核的方式来评估员工价值，并且由人力资源或者行政部门来初步确定激励对象。然后将初步筛选的名单交由律师，根据股权激励方案的条件进行审核，最后再通过董事会、股东会或其他权力机构来审批。

姓名	职务	人数	人均授予股数（万股）	授予总股数（万股）
张三	董事会秘书	1	30	30
李四	财务负责人	1	30	30
公司中层管理人员、公司核心管理人才及专业人才		1000	10	10000
预留部分		待定	待定	5000
合计		—	—	15060

图 8-5　被激励者名单和股权分配情况范本

专家提醒

企业可以在确定激励对象名单的同时，建立一个复议委员会和相关的复议机制，用于防止各激励对象产生争议的情况。对于对股权激励方案有意见的员工，可以在律师的协助下，向复议委员会申请复议。

112 实施流程3：签订协议

当最终的激励对象名单出来后，企业即可与他们签订一系列的股权激励协议(如图8-6所示)，通过这种契约来保障双方的权利和义务。

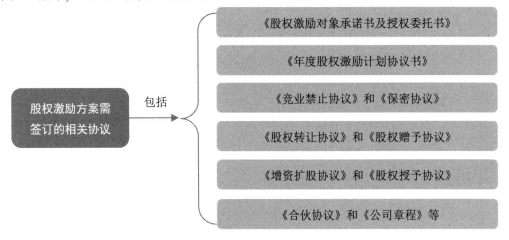

图8-6 股权激励方案需签订的相关协议

例如，《年度股权激励计划协议书》主要用于明确激励对象、公司和持股平台之间的权利义务，相关范本如图8-7所示。

图8-7 《年度股权激励计划协议书》范本中关于权利义务的说明

专家提醒

在签订各种协议时，企业还可以举行专门的会议活动，来提升激励对象的仪式感。另外，签署的协议通常为一式三份(把相同内容的东西复制成三份)，由不同主体各自持有，协议的内容和效力完全一致。

113 实施流程4：召开会议

在双方签订协议确认股权关系后，企业可以召集所有的激励对象，召开一场持股员工会，由公司领导发表讲话，提升员工对于企业的认同感。公司领导可以结合自己的实际工作情况和个人发展经历，谈一谈对于员工持股制度的理解、思考和感悟。召开持股员工会的基本规则内容如图8-8所示。

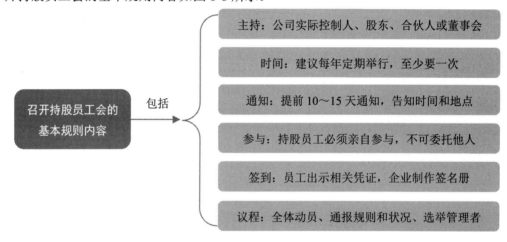

图8-8 召开持股员工会的基本规则内容

持股员工会可以帮助持股员工了解股权激励方案的分配导向，进一步明确持股员工的个人责任和义务，激发他们的"干事创业"热情。

专家提醒

对于会议上通过的相关制度，需要全体持股员工在会议记录上签字确认。同时，会议上还可以选举产生相关的股权管理机构。

114 实施流程5：成立机构

除了股东大会、董事会、监事会等企业股权管理机构外，企业还可以针对员工持股成立专门的股权管理机构，如薪酬与考核委员会或者股权激励专门委员会等，来负责实施股权激励计划。

股权管理机构需要有一定的独立性，要直接面向董事会负责，其成员包括独立董事或者外部董事等，其履行职责如图 8-9 所示。

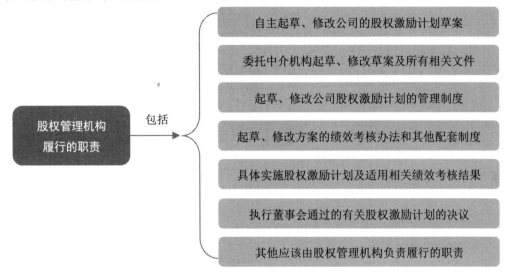

图 8-9　股权管理机构履行的职责

115　实施流程 6：搭建平台

员工要想成为企业的股东，可以直接持股，将自己的名字加入注册股东列表中，也可以借助代持模式来持股，但这两种方法都存在弊端，在一定情况下不利于企业发展，而搭建持股平台就是另一种非常好的员工持股方式。

专家提醒

需要注意的是，直接持股和代持模式的弊端是相对的，相关分析如下。

(1) **直接持股**：适合股东人数少的公司，优点是激励性强，操作简单。如果公司的合伙股东非常多，在激励员工时，这种方法就不太适合了，员工人数多，稳定性较差，不仅会改变企业的股权结构和股东信息，如果他们在持股后离职，还需要进行工商变更登记，同时会影响企业后期的上市和融资。

(2) **代持模式**：是指由其他人代替员工，持有公司的股权，这种方式会涉及税收和表决权的问题，同时还存在不小的道德风险，不推荐大家使用。

搭建持股平台的主要方法就是另外成立一家企业来管理公司用于股权激励的股份。下面通过一个有限合伙企业的案例来分析持股平台的基本组成结构，如图 8-10

所示。

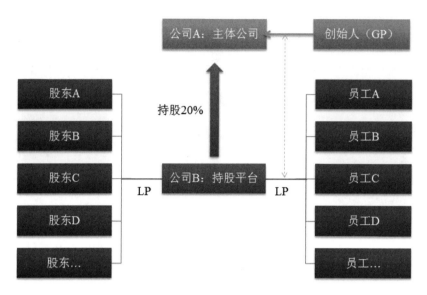

图 8-10 持股平台的结构示例

案例分析：主体公司(公司 A)成立一个公司 B 作为股权激励的持股平台，此时公司 B 成为公司 A 的新股东，且占股比例为 20%。接下来公司将激励对象放入公司 B 中，让员工和部分小股东间接成为公司股东。创始人(GP)不管在公司 B 里占多少股份，只要《合伙协议》中约定了 GP 作为持股平台的执行事务合伙人(如图 8-11 所示)，则他可以对公司 B 所持有的公司股份行使表决权。

公司 B 不需要进行实际的经营，其成立目的就是持股，所有激励对象的加入、退出都在公司 B 内部进行，用到的也只有这 20%的股权，而不会影响公司 A 的股权结构。另外，公司 A 后期也可以注册一家全资控股的有限责任公司(公司 C)，同时将其作为公司 B 的普通合伙人，从而实现通过持股平台来扩展其他业务的目标。

> **专家提醒**
>
> 同时，财政部和国家税务总局颁布的《关于完善股权激励和技术入股有关所得税政策的通知》(财税〔2016〕101 号)中对于激励股票来源也做了相关规定。这里对于法律法规允许的其他合理方式，我们也可以理解为包括通过有限公司或有限合伙持股平台间接持股方式，来授予激励对象股权。
>
> 激励标的应为境内居民企业的本公司股权。股权奖励的标的可以是技术成果投资入股到其他境内居民企业所取得的股权。激励标的股票(权)包括通过增发、大股东直接让渡以及法律法规允许的其他合理方式授予激励对象的股票(权)。

第八章 合伙事务的执行

第十九条 本企业由普通合伙人执行合伙事务。执行事务合伙人应具备完全民事行为能力，本企业有且仅有一名普通合伙人，该普通合伙人当然成为本企业的唯一执行事务合伙人。

若后续增加或变更（撤销执行事务合伙人对委托，导致执行事务合伙人的变更适用本协议第二十二条之规定）产生新的普通合伙人，新的执行事务合伙人经三分之二以上合伙人推选，并经持有（合计或单独）合伙企业超过三分之二出资额的合伙人审核通过。

执行合伙事务的合伙人对外代表企业。

第二十条 普通合伙人（执行事务合伙人）的权限：

全体合伙人一致同意，普通合伙人作为执行事务合伙人拥有《合伙企业法》及本协议所规定的对于本企业事务的独占及排他的执行权，包括但不限于：

1. 决定、执行本企业的投资及其他业务；订立与本企业日常运营和管理的有关协议；代表本企业对外签署、交付和执行文件；聘用专业人士、中介及顾问机构对本企业提供服务；聘任合伙人以外的人担任本企业的经营管理人员。

2. 开立、维持和撤销本企业的银行账户，开具支票和其他付款凭证；代表本企业取得、管理、维持和处分资产；以本企业名义为他人提供担保；根据国家税务管理规定处理本企业的涉税事项。

3. 为本企业的利益决定提起诉讼或应诉，进行仲裁；与争议对方进行妥协、和解等，以解决本企业与第三方的争议；采取所有可能的行动以保障本企业的财产安全，减少因本企业的业务活动而对本企业、普通合伙人及其财产可能带来的风险

4. 变更本企业的名称；变更本企业主要经营场所；批准有限合伙人入伙、退伙及转让本企业权益。

5. 采取为维持本企业合法存续、以本企业身份开展经营活动所必需的一切行动；采取为实现合伙目的、维护或争取本企业合法权益所必需的其他行动。

第二十一条 不执行合伙事务的合伙人有权监督执行事务合伙人执行合伙事务的情况。执行事务合伙人应当定期向其他合伙人报告事务执行情况以及本企业的经营和财务状况，其执行合伙事务所产生的收益归本企业，所产生的费用和亏损由本企业承担。

第二十二条 执行合伙事务的合伙人不按照合伙协议的决定执行事务的，经其他合伙人一致同意可以决定撤销该委托。

执行事务合伙人的更换条件为：执行合伙事务的合伙人因故意给本企业造成重大损失（ 10万元以上）。

执行事务合伙人的更换程序为：合伙人在决定更换执行事务合伙人的同时作出接纳新的普通合伙人的决定；新的普通合伙人签署书面文件确认同意受本协议约束并履行本协议规定的应由普通合伙人履行的职责和义务；自上述程序全部履行完毕之日起，普通合伙人转为有限合伙人或退出本企业，停止执行本企业事务并向合伙人同意接纳的新的普通合伙人交接本企业事务。

第二十三条 合伙人不得自营或者同他人合作经营与本有限合伙企业相竞争的业务。除经普通合伙人书面同意外，合伙人不得同合伙企业进行交易。

第二十四条 合伙人经普通合伙人书面同意后，可以增加或者减少对合伙企业的出资。

第二十五条 有限合伙人不执行合伙事务，不得对外代表有限合伙企业。

图 8-11 《合伙协议》范本中的合伙事务执行说明

116 实施流程 7：变更登记

当激励对象向公司或持股平台交付出资后，企业还需要进行相应的工商变更登记，让激励对象获得公司的股份、股权和财产等份额，成为公司真正的股东。

1. 出资方式

出资方式是指激励对象为企业投入资金注册的形式，《中华人民共和国公司法》(2018 修正)第二十七条对于有限责任公司股东出资方式做了明确的规定。

股东可以用货币出资，也可以用实物、知识产权、土地使用权等可以用货币估价并可以依法转让的非货币财产作价出资；但是，法律、行政法规规定不得作为出资的财产除外。对作为出资的非货币财产应当评估作价，核实财产，不得高估或者低估作价。法律、行政法规对评估作价有规定的，从其规定。

同时，《中华人民共和国合伙企业法》中对于普通合伙企业和有限合伙企业的出资方式都做了明确规定。

> 第十七条(针对普通合伙企业)
> 合伙人应当按照合伙协议约定的出资方式、数额和缴付期限，履行出资义务。以非货币财产出资的，依照法律、行政法规的规定，需要办理财产权转移手续的，应当依法办理。
> 第六十四条(针对有限合伙企业)
> 有限合伙人可以用货币、实物、知识产权、土地使用权或者其他财产权利作价出资。有限合伙人不得以劳务出资。

2. 公司变更

新《公司法》规定，公司发行新股募足股款后，必须向公司登记机关办理变更登记，并公告。下面为《中华人民共和国公司法》第三十二条关于股东名册的相关规定。

> 有限责任公司应当置备股东名册，记载下列事项:
> (一)股东的姓名或者名称及住所;
> (二)股东的出资额;
> (三)出资证明书编号。
> 记载于股东名册的股东，可以依股东名册主张行使股东权利。公司应当将股东的姓名或者名称向公司登记机关登记;登记事项发生变更的，应当办理变更登记。未经登记或者变更登记的，不得对抗第三人。

另外，从《中华人民共和国公司登记管理条例》第 9 条的规定可以看到，公司的登记事项只包括股东的名称或姓名，没有包括其出资额。所以，如果公司是针对现有股东的股权激励，而股东名称没有产生变化的，则无须办理工商变更登记手续。

> 公司的登记事项包括:
> (一)名称;
> (二)住所;
> (三)法定代表人姓名;
> (四)注册资本;
> (五)公司类型;
> (六)经营范围;

(七)营业期限；
(八)有限责任公司股东或者股份有限公司发起人的姓名或者名称。

当然，如果是采用直接持股的激励方式，且激励对象是非持股员工，他们愿意成为公司的股东，而公司对此也无异议的话，则可以到工商部门做变更登记。直接持股的本质是一种股权转让，激励对象通过公司的股权激励方案，成为直接持有公司股权的股东，导致公司股东名称发生变化，因此需要前往工商部门办理工商变更手续。

专家提醒

相对于通过持股平台间接持股的股权激励方式，根据其性质的不同，是不需要办理工商变更手续的。

117 实施流程8：举行仪式

最后，公司可以针对激励对象举行股权授予仪式，在公司内部认同和公示他们的股东身份，增强员工的荣誉感。股权授予仪式的具体内容如图8-12所示。

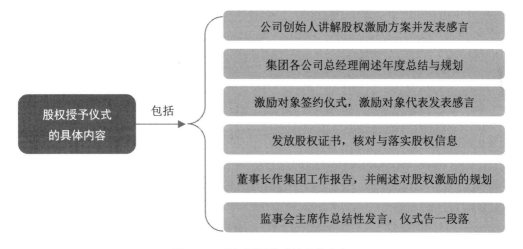

图8-12 股权授予仪式的具体内容

其中，股权证书是由公司出具给股东的，盖有公司印章的证明激励对象是公司股东的一份权利证书，如图8-13所示。股权证书作为股权激励对象的股东持股凭证，要写清楚公司的相关信息，然后加上股东的姓名和身份证号，以及股东持股的股份数量和占比，再加上发证日期。股东可以凭股权证书，享受企业章程和有关制度规定的权利，并承担相应的义务。

图 8-13　股权证书范本

118　实施机构1：持股员工大会

对于持股员工数量较多的企业来说，通过成立持股员工大会或者持股员工代表大会，可以有效连接员工的个人利益与企业的发展命运，使企业内部的产权关系更加明确，同时调动员工的积极性，让企业凝聚力得到增强，从而形成"每个员工都关注企业、忠诚企业"的运行机制。持股员工大会的基本原则如图 8-14 所示。

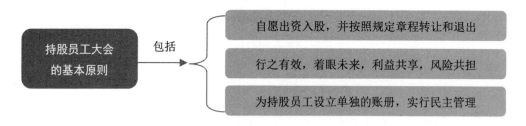

图 8-14　持股员工大会的基本原则

另外，持股员工代表大会还能够通过集中表决权，有效提升决策效率。持股员工代表大会的代表由持股员工组成，并且由全体持股员工投票选举产生。如图 8-15 所示为持股员工代表大会的《组织与管理机构》规章范本。

图 8-15 《组织与管理机构》规章范本

119 实施机构 2：股权管理机构

股权管理机构主要负责股权激励计划的具体执行工作，其成员通常是由持股员工会议通过投票选举的方式产生，其设计结构的示例如图 8-16 所示。

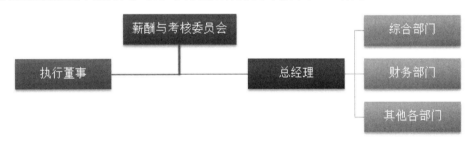

图 8-16 股权管理机构的设计结构示例

1. 执行董事

执行董事的基本职责如下。

- 审核并确认激励对象的资格和条件。
- 制定业绩目标和相对应的激励比例。
- 审议激励对象获授权益的成立条件。
- 审批激励方案的实施、变更和终止。
- 办理股权的转让、退出和回购工作。

2. 薪酬与考核委员会

薪酬与考核委员会的基本职责如下。

- 制定具体的股权激励方案。
- 定期修改和完善激励方案。

3. 总经理

总经理的基本职责如下。

- 负责公司的日常经营决策。
- 重大事件提请公司执行董事审议。

4. 综合部门

综合部门的基本职责如下。

- 做好股权激励的前期准备工作。
- 建设和落实公司绩效管理体系。
- 做好年度报告，明确相关人员和组织的绩效指标情况。

5. 财务部门

财务部门的基本职责如下。

- 做好预算编制，控制预算费用。
- 提供财务数据，考核激励对象。
- 负责股权激励计划的财务和税务工作。
- 公布相关财务信息，并确保数据真实、准确。
- 配合完成相关领导所安排的财务工作。

6. 其他各部门

其他各部门的基本职责如下。

- 负责各部门内的股权激励方案的宣讲工作，使激励对象积极完成任务，达到股权激励方案的要求。
- 遵循"公平、公正、透明"的原则，做好各部门内部的绩效管理考核任务，得到真实的考核结果。

120 实施机构3：股权监督机构

除了建立股权管理机构外，企业还可以设立一个股权监督机构，该机构的主要任务是坚持"公平、公正、公开"的基本原则，来监督各部门和人员在实施股权激励计划时，是否做到依法合规，具体职责如图8-17所示。

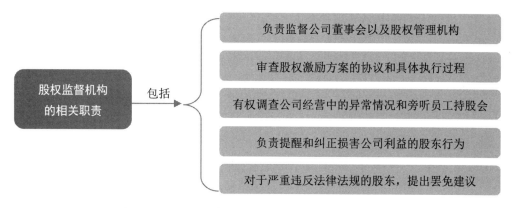

图 8-17 股权监督机构的相关职责

专家提醒

当然,对于中小企业来说,也可以单独设置一个监事岗位,来负责股权监督事务。另外,也可以让律师团队负责监督股权激励计划的实施过程,及时发现不合规的情况,并提出相应的整改方案。

121 实施机构4:内部议事规则

内部议事规则是针对持股平台的相关管理规定,主要以《中华人民共和国合伙企业法》和《中华人民共和国公司法》为依据来制定《合伙协议》的具体内容。

(1) 对于有限合伙企业股权激励的内部议事规则,《中华人民共和国合伙企业法》中做出了相关规定,下面是关于有限合伙企业的部分规定。

第十八条 合伙协议应当载明下列事项:
(一)合伙企业的名称和主要经营场所的地点;
(二)合伙目的和合伙经营范围;
(三)合伙人的姓名或者名称、住所;
(四)合伙人的出资方式、数额和缴付期限;
(五)利润分配、亏损分担方式;
(六)合伙事务的执行;
(七)入伙与退伙;
(八)争议解决办法;
(九)合伙企业的解散与清算;
(十)违约责任。
第六十条 有限合伙企业及其合伙人适用本章规定;本章未作规定的,适用本法第二章第一节至第五节关于普通合伙企业及其合伙人的规定。

第六十三条　合伙协议除符合本法第十八条的规定外，还应当载明下列事项：
(一)普通合伙人和有限合伙人的姓名或者名称、住所；
(二)执行事务合伙人应具备的条件和选择程序；
(三)执行事务合伙人权限与违约处理办法；
(四)执行事务合伙人的除名条件和更换程序；
(五)有限合伙人入伙、退伙的条件、程序以及相关责任；
(六)有限合伙人和普通合伙人相互转变程序。
第六十七条　有限合伙企业由普通合伙人执行合伙事务。执行事务合伙人可以要求在合伙协议中确定执行事务的报酬及报酬提取方式。
第六十九条　有限合伙企业不得将全部利润分配给部分合伙人；但是，合伙协议另有约定的除外。
第七十条　有限合伙人可以同本有限合伙企业进行交易；但是，合伙协议另有约定的除外。
第七十一条　有限合伙人可以自营或者同他人合作经营与本有限合伙企业相竞争的业务；但是，合伙协议另有约定的除外。
第七十二条　有限合伙人可以将其在有限合伙企业中的财产份额出质；但是，合伙协议另有约定的除外。
第七十三条　有限合伙人可以按照合伙协议的约定向合伙人以外的人转让其在有限合伙企业中的财产份额，但应当提前三十日通知其他合伙人。
第八十二条　除合伙协议另有约定外，普通合伙人转变为有限合伙人，或者有限合伙人转变为普通合伙人，应当经全体合伙人一致同意。

(2)　对于有限责任公司股权激励方案的内部议事规则，从《中华人民共和国公司法》中的相关规定可以看到，有限责任公司在制定《公司章程》时的自由度还是比较大的，可以让董事会获得更多决策权。

第三十四条　分红权与优先认购权
股东按照实缴的出资比例分取红利；公司新增资本时，股东有权优先按照实缴的出资比例认缴出资。但是，全体股东约定不按照出资比例分取红利或者不按照出资比例优先认缴出资的除外。
第三十七条　股东会职权
股东会行使下列职权：
(一)决定公司的经营方针和投资计划；
(二)选举和更换非由职工代表担任的董事、监事，决定有关董事、监事的报酬事项；
(三)审议批准董事会的报告；
(四)审议批准监事会或者监事的报告；
(五)审议批准公司的年度财务预算方案、决算方案；

(六)审议批准公司的利润分配方案和弥补亏损方案;
(七)对公司增加或者减少注册资本作出决议;
(八)对发行公司债券作出决议;
(九)对公司合并、分立、解散、清算或者变更公司形式作出决议;
(十)修改公司章程;
(十一)公司章程规定的其他职权。

对前款所列事项股东以书面形式一致表示同意的,可以不召开股东会会议,直接做出决定,并由全体股东在决定文件上签名、盖章。

第四十一条　股东会会议的通知与记录

召开股东会会议,应当于会议召开十五日前通知全体股东;但是,公司章程另有规定或者全体股东另有约定的除外。

第四十二条　股东的表决权

股东会会议由股东按照出资比例行使表决权;但是,公司章程另有规定的除外。

第四十三条　股东会的议事方式和表决程序

股东会的议事方式和表决程序,除本法有规定的外,由公司章程规定。股东会会议做出修改公司章程、增加或者减少注册资本的决议,以及公司合并、分立、解散或者变更公司形式的决议,必须经代表三分之二以上表决权的股东通过。

122　实施要点1:绩效考核方案

绩效考核方案主要是针对激励对象的一种约束机制,使其能够按照公司约定的相关要求来完成目标绩效,从而获得相应的股权激励标的。如果激励对象的实际完成业绩不满足公司的绩效考核标准,则股权激励所涉及的全部或部分权利将作废。

以个人绩效为例,实施股权激励方案的基本绩效考核可以从以下三个方面进行衡量,如图8-18所示。

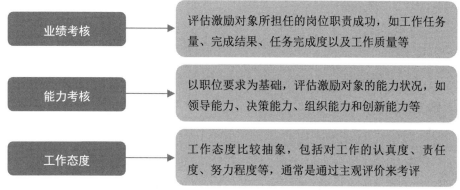

图8-18　个人绩效的考核方法

123 实施要点2：股权代持方案

股权代持是一种简化企业股权结构的方案，不仅操作程序和转让方式都较为简单，而且还可以规避法律法规对于股东人数的限制。其中，《中华人民共和国公司法》中做了以下规定。

> 第二十四条　股东人数
> 有限责任公司由五十个以下股东出资设立。
> 第七十八条　发起人的限制
> 设立股份有限公司，应当有二人以上二百人以下为发起人，其中须有半数以上的发起人在中国境内有住所。

虽然笔者不建议使用，但是在一些人员和资本结构比较复杂的企业里，会采用股权代持模式。需要注意的是，即使双方签订了《股权代持协议》，但企业登记的股东名称并未改变，他们掌握了所有的股权，有可能会对被代持者的利益产生损害，同时会引起一些法律纠纷。因此，企业一定要选择品德高尚的代持股东，并且在《股权代持协议》中明确双方的权利和义务，以及相关的违约责任。

专家提醒

股权代持方案相关的法律法规如下。
《中华人民共和国物权法》(2007年3月16日)
第一百零六条　善意取得
无处分权人将不动产或者动产转让给受让人的，所有权人有权追回；除法律另有规定外，符合下列情形的，受让人取得该不动产或者动产的所有权：
(一)受让人受让该不动产或者动产时是善意的；
(二)以合理的价格转让；
(三)转让的不动产或者动产依照法律规定应当登记的已经登记，不需要登记的已经交付给受让人。
受让人依照前款规定取得不动产或者动产的所有权的，原所有权人有权向无处分权人请求赔偿损失。
当事人善意取得其他物权的，参照前两款规定。
《最高人民法院关于适用〈公司法〉若干问题的规定(三)》(2014年修订)
第二十四条第三款　实际出资人未经公司其他股东半数以上同意，请求公司变更股东、签发出资证明书、记载于股东名册、记载于公司章程并办理公司登记机关登记的，人民法院不予支持。

> 第二十五条 名义股东将登记于其名下的股权转让、质押或者以其他方式处分，实际出资人以其对于股权享有实际权利为由，请求认定处分股权行为无效的，人民法院可以参照《物权法》第一百零六条的规定处理。
>
> 名义股东处分股权造成实际出资人损失，实际出资人请求名义股东承担赔偿责任的，人民法院应予支持。

124　实施要点3：起草法律文书

在授予激励对象股权时，公司需要与其签订一系列法律文书，从而保障双方的权利和义务。公司进行股权激励计划涉及的具体实施文本如下。

- 《有限合伙企业协议》。
- 《股权激励授予协议书》。
- 《激励对象承诺书》。
- 《出资确认书》。
- 《参与股权激励计划协议》。
- 《激励对象绩效考核责任书》。
- 《保密与竞业禁止协议》。
- 《激励对象绩效考核结果报告书》。
- 《股东授权委托书》。
- 《激励对象行权申请书》。
- 《一致行动协议》。
- 《激励对象行权批准书》。
- 《股权激励行权协议书》。
- 《股权转让协议》。
- 《股权赠与协议》。
- 《增资扩股协议》。
- 《股权代持协议》。

企业可以聘请专业律师为股权激励计划提供专项法律服务，律师可以根据企业实际情况，制作《股权激励方案》《股权激励管理规定》等相关法律文件。在起草这些股权激励方案的法律文书时，需要遵守一系列现行的法律法规文件的规定。

- 《中华人民共和国公司法》。
- 《中华人民共和国证券法》。
- 《上市公司股权激励管理办法》。
- 《主板信息披露业务备忘录第3号——股权激励及员工持股计划》。
- 《中小企业板信息披露业务备忘录第4号：股权激励》。

- 《创业板信息披露业务备忘录第 8 号——股权激励计划》。
- 《中华人民共和国律师法》。

针对股权激励计划的法律文书起草的具体流程如图 8-19 所示。

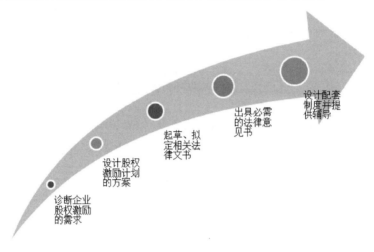

图 8-19　法律文书起草具体流程

第 9 章

19 个办法，股权管理的方法和注意点

在开始实施股权激励计划后，股权激励标的的进入、分配、流转、行权和退出都需要做好管理，这样才能真正形成董事会决策、监事会监督、经营层执行的合理的组织架构和科学的运行机制。

本章主要介绍股权管理的方法和注意事项，包括行权的流程、分红的实施、风险控制、常见陷阱和管理技巧等相关内容。

125 股权激励行权的流程和步骤

在股市中,行权是指权证持有人要求发行人按照约定时间、价格和方式履行权证约定的义务。在期权股权激励模式中,行权是指被激励者在未来某个时间点达到约定的要求后,可以通过约定的价格购买一定数量的股权的权利,到期后即可行使该权利,来获取相关的利益。行权的主要依据是绩效考核报告,以此确定被激励对象的解除限售资格及解除限售数量。

股权激励计划的锁定期满后,如果公司达到了股权激励计划方案约定的行权条件,并且激励对象通过了股权激励计划的绩效考核,则激励对象可以申请行权,具体的流程和步骤如图9-1所示。

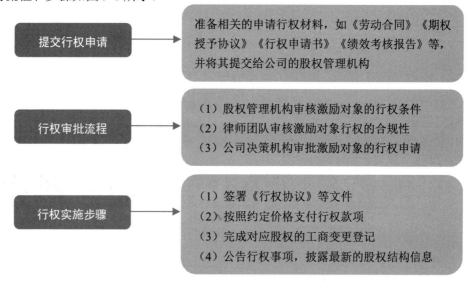

图9-1 股权激励行权的流程和步骤

专家提醒

以下是《中华人民共和国合伙企业登记管理办法》(2014年修订)对于合伙企业的相关登记变更规定。

第六条 合伙企业的登记事项应当包括:
(一)名称;
(二)主要经营场所;
(三)执行事务合伙人;
(四)经营范围;
(五)合伙企业类型;
(六)合伙人姓名或者名称及住所、承担责任方式、认缴或者实际缴付的出资数额、缴付期限、出资方式和评估方式。

合伙协议约定合伙期限的，登记事项还应当包括合伙期限。

执行事务合伙人是法人或者其他组织的，登记事项还应当包括法人或者其他组织委派的代表(以下简称委派代表)。

第十八条　合伙企业登记事项发生变更的，执行合伙事务的合伙人应当自作出变更决定或者发生变更事由之日起 15 日内，向原企业登记机关申请变更登记。

第十九条　合伙企业申请变更登记，应当向原企业登记机关提交下列文件：

(一)执行事务合伙人或者委派代表签署的变更登记申请书；

(二)全体合伙人签署的变更决定书，或者合伙协议约定的人员签署的变更决定书；

(三)国务院工商行政管理部门规定提交的其他文件。

法律、行政法规或者国务院规定变更事项须经批准的，还应当提交有关批准文件。

第二十条　申请人提交的申请材料齐全、符合法定形式，企业登记机关能够当场变更登记的，应予当场变更登记。

除前款规定情形外，企业登记机关应当自受理申请之日起 20 日内，作出是否变更登记的决定。予以变更登记的，应当进行变更登记；不予变更登记的，应当给予书面答复，并说明理由。

合伙企业变更登记事项涉及营业执照变更的，企业登记机关应当换发营业执照。

126　股权分红的基本步骤

股权分红是指进行股权激励的企业在盈利中，每年按股票份额的一定比例支付给激励对象红利，一般有现金分红和股票分红两种形式，基本流程如图9-2所示。

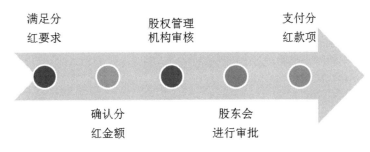

图9-2　股权分红的基本流程

股权分红就是老板把自己的部分分红权让给激励对象。例如，我是企业老板，我认为张三、李四和王五对公司的发展做出了很大的贡献，是我的得力干将。因此，我决定拿出自己 18%的年终分红对他们进行激励，给他们各自分配 6%的分红权。那么，假如在年终时我赚到 1000 万元，则就给他们每人分 60 万元。如图 9-3 所示为股权激励方案范本中的虚拟分红权模式说明。

```
四、股权激励计划的利润分配份数约定和数量

公司利润的总利润分配份数固定为【　】份(以下或称"股")，[期权池持有人或持股平台]的
持股比例对应的利润分配份数为：【　】份，利润分配份数不因公司注册资本的变化或董事
会决议分配的利润的具体金额而变化。

本激励计划向激励对象授予的分红权份数总数为【　】份，占本激励计划制定时利润分配
权总额度的【　】%。

五、利润分配权的分配

本次授予激励对象的利润分配权数量为【　】万股，具体分配情况如下：

说明：

（1）以上已明确的激励对象，为董事会根据公司情况确认的在公司任职的员工。激励对
象的姓名、职务等信息由公司董事会提名并经股东会审议通过后实施。

（2）本次激励对象均未同时参加两个或两个以上公司的激励计划。

（3）公司监事会有权对上述激励对象进行核查，并在股东会上就核实情况予以说明，涉
及监事参与激励计划的，监事应回避。
```

图 9-3　股权激励方案范本中的虚拟分红权模式说明

127　掌握股权分红的具体实施方法

企业在实施股权分红的过程中，可以将该年度所创造的税后利润增长部分作为股份分红分配给激励对象，同时还可以扣除部分资金作为企业的发展留存，然后按照股权激励协议中约定的比例给激励对象发放分红款，相关示例如图 9-4 所示。

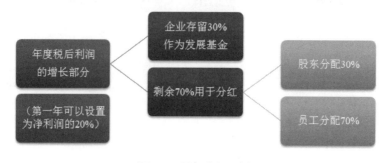

图 9-4　股权分红示例

分红的实施主要由股权管理机构或者持股平台负责，根据双方签订的《合伙协议》中约定的比例给予通过决策机构审批的激励对象一定数量的分红款。在《合伙协议》中，除了要约定利润的分配方式，同时还应该明确规定亏损的分担方式，相关范本条例如图 9-5 所示。

> 第十六条　合伙企业的利润分配，按如下方式分配：
> 1．合伙企业利润优先弥补前一年（或累计）的亏损；
> 2．各合伙人按照实缴出资比例分配合伙企业利润。
>
> 第十七条　合伙企业的亏损分担，按如下方式分担：各合伙人按照认缴出资比例分担合伙企业亏损，但有限合伙人以其认缴出资额为限。
>
> 第十八条　利润分配的税务问题
> 根据《合伙企业法》之规定，合伙企业并非所得税纳税主体，合伙人所获收益，由各合伙人自行申报缴纳所得税。

图 9-5　《合伙协议》范本中的利润分配和亏损分担方式说明

另外，企业还需要考虑各种特殊情况下的分红款发放方式，如图 9-6 所示。

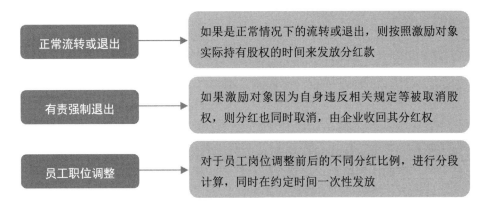

图 9-6　特殊情况下的分红款发放方式

128　风险控制方法 1：维护公平

企业一定要明白一个道理，那就是做股权激励的主要作用是激励、留住和吸引对企业有用的核心人才。因此，企业始终要本着公平、公正的基本原则，来严格执行股权激励计划。

如果在执行股权激励计划的过程中，企业出于偏心或者有私心，则必然会引起核心人才的不满，从而导致他们失去工作的积极性，甚至会造成人才流失。因此，只有公平的股权激励方案才能做到服众，公平的核心在于"论功行赏"，根据员工的贡献大小来分配对应的股权额度，这样才能让所有人心服口服，如图9-7所示。

图9-7　制定公平的规则

专家提醒

需要注意的是，在股权激励中，公平绝不意味着平均，很多人把公平和平均画等号，这是一个严重的思想错误。公平追求的是实质性的公平、公正，即如果两个人创造的贡献一样，则得到的权益也一样；如果两个人创造的价值不一样，则也要相应地区别对待，做到具体情况具体安排。

129　风险控制方法2：加强监管

很多企业在实施股权激励计划时，多存在以下问题。

(1) 资本市场不够成熟和规范：企业的股票市值存在太多的投机操作，不能完全体现上市公司的经营业绩情况，导致很多人为了获得短期利益，而不断进行股市投机操作，从而在企业发展方面不够努力，导致股权激励失去原本的作用。

(2) 职业经理人市场尚未成熟：目前我国缺乏完善的职业经理人市场机制，大部分企业是自行选择和任命职业经理人，而职业经理人的升迁与资本市场的股价完全脱节，难以对其产生约束作用和有效的监督力度。

(3) 股权激励方案设计不够规范：很多企业在设计股权激励方案时，大多偏爱股票期权模式,将大部分的股权都分配给董事和高层管理人员,而忽视了对核心员工的激励。这样做虽然激励成本很低,但激励效果会大打折扣。

(4) 缺乏健全的绩效考核机制:绩效考核指标是股权分配的关键性因素,很多企业财务指标体系比较粗疏,甚至仍然采用传统的业绩评价标准,难以公平衡量激励对象对企业所做的贡献和带来的价值。

(5) 企业内部监督机制不完善。很多企业的高层、中层管理者都是老板自己兼任,或者在核心岗位上选人时任人唯亲,对其没有形成严格的监督和约束机制,从而失去人心、失去团队的支持。

对于企业中出现的这些问题,必须建立股权激励的内部监管体系,保障股权激励计划的有效实施,并取得更好的成效,相关方案如图9-8所示。

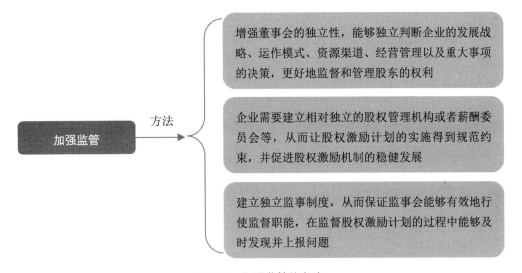

图9-8 加强监管的方法

如果股权激励方案不能正常发挥其效应,则只能成为少数决策者中饱私囊的工具。因此,企业需要加快自身改革和改造,建立完善的治理结构和多元化的股权结构,增强股权激励的效果。

130 风险控制方法3:把握难点

股权激励的本质就是企业用自己的股权来换得员工的努力工作,如果把股权轻而易举地给了员工,员工拿到后可能会失去积极性,这不叫"激励",而是一种"奖励"。因此,要做到真正的"激励",必须是员工为收益付出对应的贡献,并且让员工和公司之间的关系更紧密、更长久,形成"利益共同体"。

当然,公司把股权抓得越紧,对于员工来说,"从股权到收益"的距离就会变得更加漫长。同时，大部分公司进行股权激励是通过代持或持股平台的方式，员工得到的也大部分是期权，而且员工之间的股权分配也难以均衡，需要个性化定制股权激励方案，因此很容易产生纠纷，导致公司和员工"双输"。在股权激励的具体实施过程中，还存在很多障碍和难点，如图 9-9 所示。

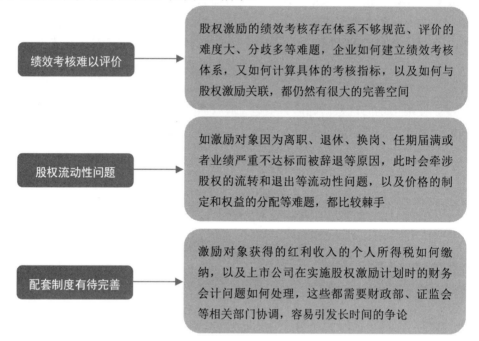

图 9-9　股权激励实施过程中的难点

尽管企业在实施股权激励过程中要面临种种难点，但只要做好充分的准备，即可让这些股权激励的问题得到有效解决。同时，企业还需要做到以下两点，使得股权激励发挥实际价值。

(1) 详尽调查：企业在实施股权激励计划之前，还需要配合专业律师团队或相关中介机构进行详尽的调查，设计一个公平性强的、可执行力强的、符合法律法规的股权激励方案。

(2) 完善制度：完善企业的内部制度是股权激励计划顺利实施的保障。
- 完善法人治理机制：加强管理层与控股股东之间的信任关系。
- 完善人力资源管理制度：使员工在经营过程中兼顾公司的利益。

> **专家提醒**
>
> 另外，社会大众对于股权激励还存在不同的看法，很多大型企业实施股权激励计划的中长期表现也不尽如人意，从而让人对股权激励能够使个人财富得到增长的效果产生了怀疑。

131 风险控制方法4：制度建设

上一节提到了股权激励的难点解决方法，其中比较重要的一点就是制度的建设和完善。笔者从看到过的很多企业的股权激励方案中发现一个非常严重的错误，它们做股权激励往往只是为了完成股权的分配，从而让股权激励变成了一次乱碰乱撞的纯粹涨薪行为，严重浪费企业的激励资源。

股权激励机制要形成有效的价值，就必须与企业的其他制度无缝衔接，相互协同和配合，将股权激励的制度建设提升到企业发展的战略高度。下面将这种股权激励的制度建设战略简化为三个步骤，如图9-10所示。

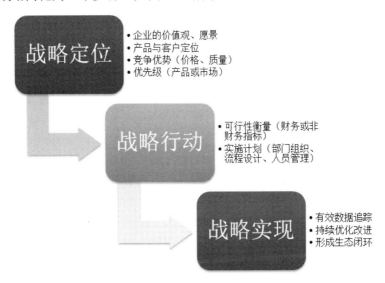

图9-10　股权激励制度的基本战略

企业可以在这种战略管理的基础上，不断推进股权激励制度的建设，从内部结构上来强化薪酬制度与股权激励的关联，完善企业的监管、评估以及披露机制，强化股权激励计划实施过程中的内外部约束力，同时最大化地提升激励资源的利用效率。

132 常见陷阱1：有人情无规则

在企业管理中，人情和规则始终是两个对立的方面，给予太多人情，规则就会乱套；严格按规定办事，管理者可能又拉不下脸面。但是，在股权激励实施过程中，在面对人情与规则时，千万不要让人情左右了规则。近人情固然重要，但这并不意味着一味地退让或是无视规则。

在企业里面，因人情与规则产生冲突的情况比比皆是。其实，规则就是来约束与管制人的私欲的办法和措施，应当具有一定的效率和影响。如果总是让人情打破规则，那么规则设立的意义也就不复存在了。其实，人情与规则的关系也绝非势不两立，企业在制定相关制度时，应该在恪守规则的前提下，让规则充满人情的温度，如图 9-11 所示。

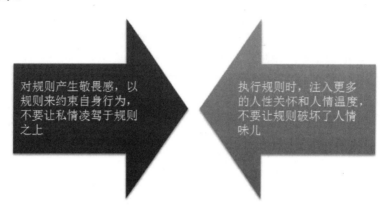

图 9-11　让规则充满人情味的方法

133　常见陷阱 2：光交心不交钱

在实施股权激励计划时，企业需要一视同仁，不管感情有多深厚，都要以企业利益为重，企业有利益，个人才会有利益。光交心不交钱，只会让企业中的懒惰分子越来越多，他们只想索取而不愿付出，这样的人对于企业发展来说没有任何价值。人都是自私的，这是人性，所有的管理，都要基于人性出发。而道德不能要求别人，只能要求自己。所以，企业就需要通过合理的股权激励制度设计去规避这些缺点。

134　常见陷阱 3：光说说不执行

不行动梦想只是好高骛远，不执行目标只是海市蜃楼。

做股权激励也是同样的道理，如果企业的股权激励方案永远都只会用嘴巴说，只会写在纸上，或者只是一个 PPT，而不去执行它，没有执行力，就没有竞争力，有所行动才会有所成就。

很多人在同一个岗位上做着同样的事情，结果很多年后，有些人依然做着同样的事情，甚至有些人还丢了"饭碗"；而有些人却不断加薪升职，成了企业中不可或缺的核心人才。其中，起决定性作用的因素便是个人执行力。如图 9-12 所示，这是打造超强执行力的三个必备要素。

更快的速度
- 天下武功,唯快不破

更好的结果
- 极致发挥,追求卓越

更大的影响力
- 从跟随者成为驱动者

图 9-12　打造超强执行力的三个必备要素

135　常见陷阱 4：拉帮结派现象

在一个企业中,有高级管理者,那么他们下面必然也有基层管理者。例如,股东包括了执行董事和监事,他们下面又有总经理,再下面的高级管理层还有战略投资委员会、预算考核委员会、质量技术委员会、项目发展委员会等,基层管理还有项目扩展部、规划设计部、采购管理部、工程管理部、市场营销部、人力资源部、客户服务部等部门。这些基层管理者通常会负责不同的业务,他们彼此的管理风格和做事风格都会有区别,而且很容易出现拉帮结派的现象,从而导致各种矛盾和纠纷的出现。

拉帮结派是团队建设的大忌,必须坚决制止。越是规则公开的企业,越是不容易产生问题；越是什么规则都不明朗的企业,越是让员工有拉帮结派的需求和机会。拉帮结派通常是管理层的问题,管理者一定要学会分化瓦解企业中的各种"帮派",明确表态：鼓励团结合作,但反对建立个人小圈子,反对拉拢一帮人打击另一帮人。同时,在平时的管理过程中,管理人员也要软硬兼施、恩威并施,这样才能管好自己的手下。

136　常见陷阱 5：不为老板效忠

很多打工者都会有这样的工作体会,那就是刚进入一家企业时干劲十足,甚至在完成一个项目后会觉得身心舒畅,非常有成就感。这是因为你在工作中将自己的价值发挥出来了,赢得了老板、经理和同事们的信任,从而产生了一种成就感。

但是，随着入职时间的推移，你的能力已经不断地实现提升，在企业中已经很难再有升职加薪的机会，或者因为自己的能力很高想得到一个更高的薪资水平或者发展平台，抑或是觉得自己的付出和回报已经完全不成正比了。此时，便会产生心理失衡，并有跳槽的行为，则对于原企业老板来说，这些人是不够忠诚的。

当然，优秀的员工跳槽，这是所有企业都会遇到的事情，并不完全是员工的错，企业也有很大的责任。如有的老板不能兑现承诺，或者是对不同员工存在双重标准的态度，这两种行为都会大幅减弱员工的向心力，难以让他们为老板效忠。这两个缺陷同样也是企业股权激励中常见的陷阱，企业可以从以下几个方面着手，提高优秀人才的忠诚度，如图9-13所示。

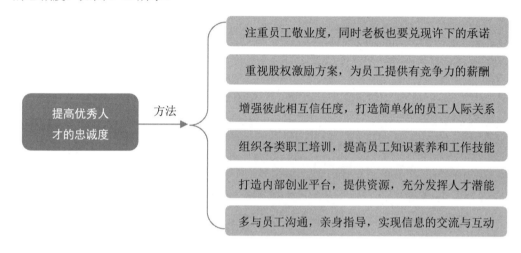

图 9-13　提高优秀人才忠诚度的方法

137　常见陷阱6：不确定的未来

俗话说"火车跑得快，全凭车头带"，但是只靠车头带着跑的火车真的跑得很快吗？如今，动车、高铁的速度已经远远地超过了火车，那是因为它们每一个车厢都有一个发动机，正所谓人多力量大，大家齐心协力共同发力，速度当然快了。企业发展的道理其实也是一样，如果一个企业只靠老板一个人带头，肯定难以跑赢老板和员工上下齐心协力的企业，这便是不同的格局，造就了不同的结局。

因此，企业越小越要进行股权激励，因为和大企业相比，小企业一无资金，二无技术，三无品牌，拿什么吸引和留住人才？靠的就是股权激励，有利于实现企业的长远、持续、快速发展，具体表现如图9-14所示。

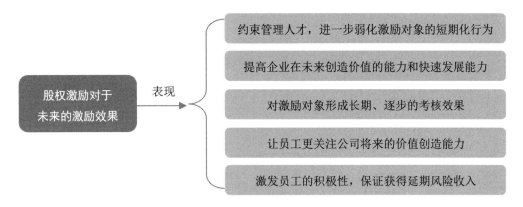

图 9-14 股权激励对于未来的激励效果

138 管理智慧 1：掌握经营之道

随着经济全球化进程的不断加快，企业的经营核心已经经历了不同的时代演变，如今进入股权时代了，如图 9-15 所示。

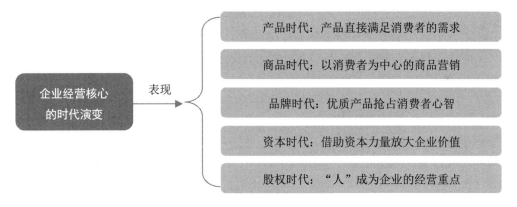

图 9-15 企业经营核心的时代演变

在股权时代，企业开始扮演了投资人的角色，以股权为纽带，通过投资"人"、经营"人"来让他们为自己创造更多价值，让企业和员工都能够获取超额利润。

例如，被称为日本"经营之圣、人生之师"的稻盛和夫提出的"阿米巴经营"模式，强调"每一位员工都是主角"，通过开放企业的经营权让全员参与经营，让员工自己给自己做，自己做了自己分，多做多分，少做少分，这种方式足以调动每一个员工的积极性和主动性，如图 9-16 所示。

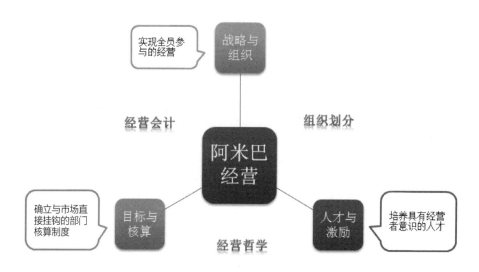

图 9-16 "阿米巴经营"模式

139 管理智慧 2：分类管理对象

股权激励的主要目的是吸引和留住优秀人才，充分调动他们的积极性和创造性。在选取股权激励对象时，企业应该遵循"面向未来为主，兼顾历史功臣"和"宁缺毋滥"的原则选择对公司具有战略价值的核心人才，如图 9-17 所示。

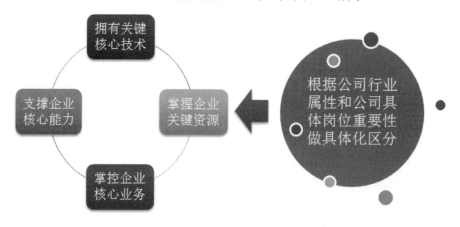

图 9-17 核心人才的类型

企业的核心人才通常包括管理类、营销类和技术类人才，如图 9-18 所示。企业可以在让股东利益得到充分保障的基础上，按照收益与贡献对等的原则，对这些少数重点关键人才进行激励。

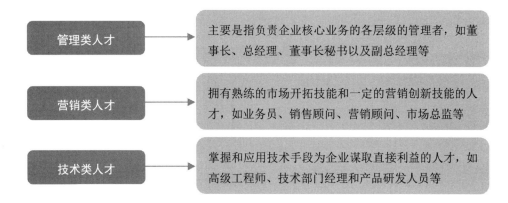

图 9-18　企业的三类核心人才

140　管理智慧 3：规矩必不可少

建立规则是实施股权激励计划中必不可少的一环，但具体规则的制定因企业需求而异，不同规模的企业、不同阶段的企业，股权激励机制的相关规则应有所不同，具体规则如图 9-19 所示。

图 9-19　股权激励机制的相关规则

141　管理智慧 4：大于预期的激励

企业在实施股权激励计划后，不能只盯着预期的利润目标，而是需要鼓励员工创造出大于预期的业绩目标，最大化地提升激励效果，下面介绍一下相关技巧，如图 9-20 所示。

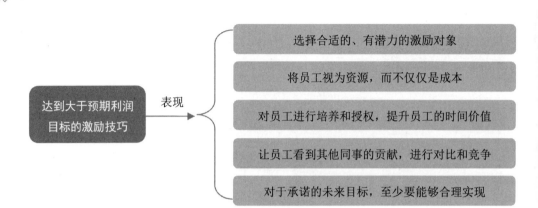

图 9-20　达到大于预期利润目标的激励技巧

例如，某公司在年初制订一个新产品的推广计划时，为了刺激员工的积极性，约定达到 150%的预期目标就给予发放双倍奖金。但是，新产品上市后，销量非常火爆，远远超过预期。仅仅半年时间便实现了年初的目标，也就是说销售团队即使下半年什么都不做，也能获得大量奖金。

此时，公司老板犯难了，这个奖金到底还要不要发呢？很多销售团队的员工都认为公司可能会取消奖金。但是，老板最终还是拍板了，决定发放奖金，从而保证销售团队的执行力不会下降。

老板在年中就给员工发放了部分奖金，用来安抚人心，增强对公司的信任度。同时，另一部分奖金留在年底发放，公司管理层也借此机会重新调整了销售目标，并做出承诺，只要达到这个新目标，公司还将追加一笔奖金。这样，员工拿到奖金后，也不会放弃努力，而是继续争取年底的更多的奖金。

142　管理智慧5：要学会当机立断

在三国的故事中，袁绍出身名门望族，有着"四世三公"的美誉，其封地广阔、谋士成群、猛将如云、兵强马壮，是诸多诸侯中实力最强大的一方。袁绍有如此明显的优势，最后却在官渡之战中被曹操打败，从此一蹶不振。

分析袁绍失败的原因，除了他不善于管理自己的部下和内部集团派系分立外，还有一个非常重要的原因，那就是他遇事不够果断，内心不够坚定。正所谓"当断不断，反受其乱"，企业管理和股权激励也是同样的道理，管理者一定要学会当机立断，有效地进行决断。

春秋战国时期道家代表人物、纵横家创始人鬼谷子说过："凡决物，必托于疑者。善其用福，恶其用患；善至于诱也，终无惑偏。偏有利焉，去其利则不受也，奇之所托。若有利于善者，隐托于恶，则不受矣，致疏远。故其有使失利，其有使离害者，此事之失。"以下是这段话的大意。

凡为他人决断事情，都是受托于有疑难的人。一般来说，人们都希望遇到有利的事，不希望碰上祸患和被骗诱，希望最终能排除疑惑。在为人做决断时，如果只对一方有利，那么没有利的一方就不会接受，就是因为依托的基础不平衡。任何决断本来都应有利于决断者的，如果在其中隐含着不利的因素，那么决断者就不会接受，彼此之间的关系也会疏远，这样对为人决断的人就不利了，甚至还会遭到灾难，这样的决断是失误的。

鬼谷子用简单的几句话便阐述了决断的重要性，决断不仅要谨慎，还要有智谋。在实施股权激励方案时，我们之所以难以下决定，可能是有不同的因素在影响我们，如图 9-21 所示。此时，我们就需要选择最为合理高效的一种方案，同时还要学会舍弃，并制定好决策流程和规则。

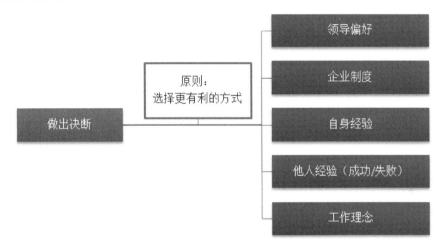

图 9-21 影响决策的因素

因此，做股权激励一定要学会当机立断，做个会决策的领导者，下面介绍一些养成当机立断的好习惯的方法。

- 遇到紧急事情或者重要问题时，要学会果断解决，避免拖拖拉拉。
- 善于学习优秀管理者的处事风格，他们遇事时不仅很冷静，而且不会优柔寡断，往往会在周密思考后果断做出决定或清晰地阐明自己的观点。
- 在日常生活中，也要学会高效办事，即使不会做，也要马上去学习。
- 学会思考，不要总依赖他人，遇到问题时自己先上手操作。
- 善于理性处理问题，学会在问题的周围找答案，不要让问题停留太久。
- 做任何事都要专注，只有能够集中自己的注意力，才能提升做事的效率。
- 处理问题要学会灵活变通，让复杂的问题简单化，分清主次，始终把行动放在首位。

在这个经济时代中，股权就是企业竞争的制空权，企业只有用好、用活手中的股权,才能更好地为下一轮发展发力,这是制胜的关键所在。当下,那些能够不断打败竞争对手的成功企业,无不都是善于先人一步做出正确转型升级的企业,能够及时做出颇具远见的判断。在上一个时代进入衰退期之前,便当机立断地实现股权价值的转化,将其演变为自身的资金实力、并购能力和资源整合能力,同时获得更多优秀人才,并且投入下一轮的产业布局中。

143 管理智慧6:善用这把双刃剑

无论做任何事情,有得必有失,股权激励也是一把"双刃剑",它的推出,对于完善公司治理结构,留住核心人才,提升公司价值,有着很好的意义。但是,股权激励实施不当会引发诸多问题,从而损害公司价值,损害股东权益,特别是中小股东的利益,如图9-22所示。

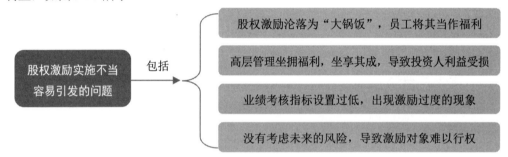

图 9-22　股权激励实施不当容易引发的问题

股权激励有利有弊,并非所有企业的股权激励计划都能顺利进行,公司的业绩、股价的后市表现、人员流动等都是关键因素。员工能够对企业产生归属感,与持有股权其实并没有绝对联系。只有让员工与管理者统一思想,把企业当成共同的事业,这样的股权激励才能起到锦上添花的作用。因此,股权激励在逐步推行的同时,也需要完善相关配套措施,包括完善公司治理结构以及加强监管等。

第 10 章

15 个高招，做好股权融资的解决方案

现代社会中，资本的力量越来越大，可以帮助企业快速做大做强，是所有创业者都非常青睐的。因此，融资成为创业的必修功课，而股权融资是所有融资手段中最受欢迎的方式。

本章主要介绍股权融资的基本概念、优势、缺点、误区、风险、规则和具体的融资方式等内容，详细分析股权融资的具体解决方案。

144　股权融资：增加总股本

目前，银行仍然是我国金融体系的主导方式，经济发展的资金来源主要包括银行、债权和股权三种方式，如图10-1所示。

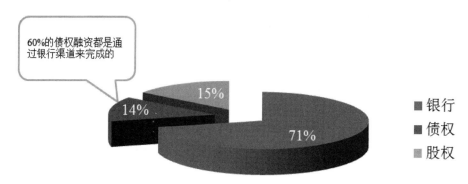

图10-1　经济发展的资金来源

其中，债权和股权是大部分民营企业融资的主要渠道。

(1) 债权融资：企业通过借贷的方式来获取资金，企业需要承担利息，到期后还需要归还本金。

(2) 股权融资：股东让出部分企业股权，其他投资人出资购入股权，使总股本增加，企业通过增资的方式吸收新的股东，并共同分享企业的盈利，以及共同承担责任风险。下面通过一个案例来说明股权融资的具体概念，如图10-2所示。

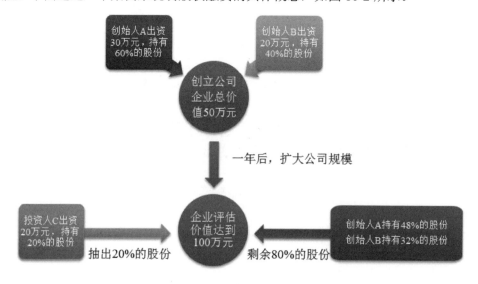

图10-2　股权融资的案例

145 利弊分析：优势和缺点

通过股权融资的方式，可以让新的投资人参与到企业中，与老股东共同分享企业的盈利与增长，而且企业还不用还本付息，没有经营压力。

1. 股权融资的优势

下面从上市公司和非上市公司两个不同的角度，来分析股权融资的主要优势，如图 10-3 所示。

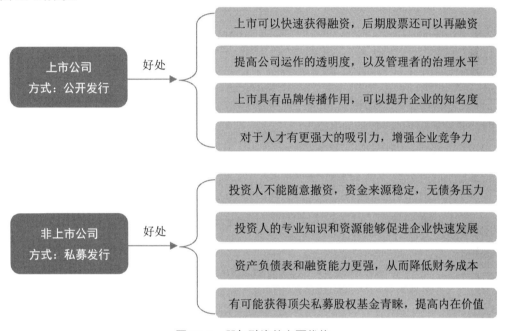

图 10-3　股权融资的主要优势

2. 股权融资的缺点

对于在公开市场发售股票的上市公司来说，也存在以下缺点。

(1) 增加维护成本。
- 需要设立独立董事、独立监事等，增加管理成本。
- 会产生更多广告费、审计费和薪酬等，增加营运成本。

(2) 增加管理压力。 企业一旦业绩不佳，或者经营不善，都会导致股价下跌，甚至有退市风险。

(3) 影响股东决策。 上市后股东人数增多，约束力会更大，重大经营决策的效率也会降低。

(4) 公司透明度提高。 上市公司有信息披露制度，公司信息透明度非常高，容易暴露商业机密。

对于以私募方式进行股权融资的企业来说，其主要缺点如图10-4所示。

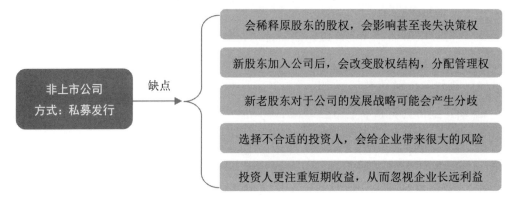

图10-4　私募发行的股权融资方式的主要缺点

在进行股权融资的过程中，企业一定要善于扬长避短，做好万全的准备，充分发挥股权融资的优势价值，并避免出现这些不足之处。

146　七大误区：小心埋下隐患

企业在做股权融资时，很容易掉进一些误区中无法自拔，这会严重影响企业的融资结果，导致企业发展进度停滞不前，甚至倒退。下面笔者针对这些误区做一个总结，如图10-5所示。

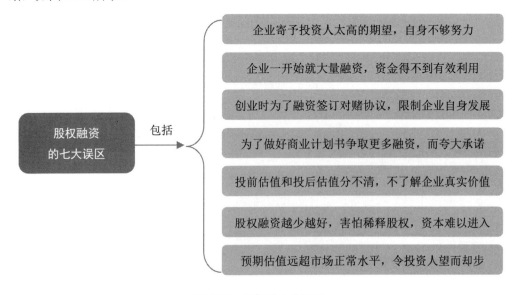

图10-5　股权融资的误区

147 风险防范：给自己留后路

股权融资市场表面上一片繁荣的景象，但实际上却危机重重。如图 10-6 所示为股权融资存在的主要风险。

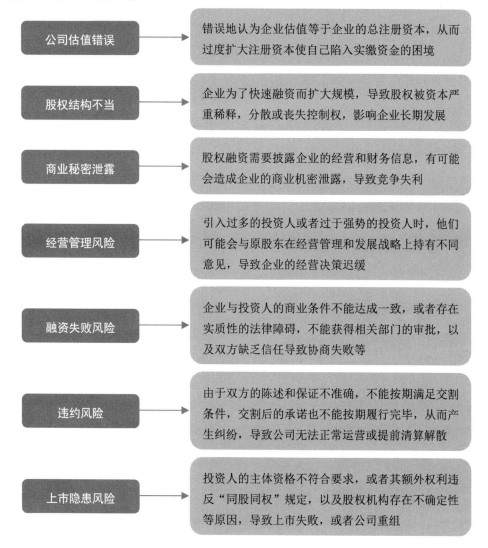

图 10-6　股权融资存在的主要风险

下面介绍这些风险的防范方法。

(1) 公司估值错误：根据企业的主营业务、产品销售、客户数量、商业模式、团队能力、市场潜力和行业状况等情况，进行综合评估，以得到合理的价格。

(2) 股权结构不当：股权结构和董事会结构都需要进行合理调整，保证控制权在企业手中，避免产生内耗。

(3) 商业秘密泄露：投资人或机构要签保密协议，并严格遵守，企业可以根据信息的保密程度来分次披露，并且做好相关操作人员的保密培训工作。

(4) 经营管理风险：在不影响企业正常运营的情况下，根据企业的实际情况来确定投资人的否决权，并建立合理合规的冲突解决机制。

(5) 融资失败风险：企业的股权融资定位一定要正确，并确定合理的估值和其他商务条件。同时，交割条件不要设置过度，并且和政府部门保持良好关系，以及建立合理的谈判机制。

(6) 违约风险：企业需要真实准确地批量信息，并且重视合同交代的相关义务，同时做好限制赔偿责任。

(7) 上市隐患风险：企业需要认真审核投资人的主体资格，遵循"同股同权"的规定，提前沟通，合理规定否决权，并谨慎使用"对赌条款"。

148 协议条款：关键要点解析

要想股权融资获得成功，还需要制定一系列的核心协议条款来规范和保证股权融资的正常执行，具体条款如图 10-7 所示。

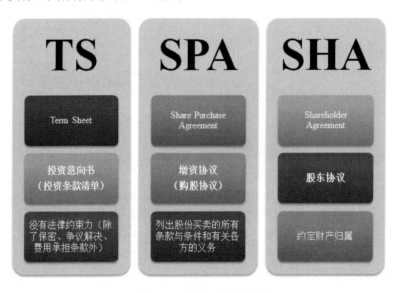

图 10-7 股权融资的案例

其中，TS 关键性条款又包括排他条款、股权回购、保密条款、融资价格、公司治理、反稀释办法、关键人限制和保护性条款、强制随授权、优先清算权等内容，相关范本内容如图 10-8 所示。

排他条款：	自签署之日起至　　　年　　月　　日止，收购方就该部分的投资具有排他权。公司及现有股东在与投资方的合作过程中，不能够单方面与其他投资机构就该部分的投资另行谈判或订立投资协议或类似协议。如双方以书面形式终止本备忘录的执行，本排他性条款亦自动终止。如双方同意，本排他性条款可延期。出让方在本备忘录签署之日前就该部分投资已经签署的投资意向、投资协议或类似协议的，不构成对本排他协议的违反，但出让方承诺在本备忘录排他期限内中止与他方的磋商、接洽、谈判等。
配合尽职调查：	公司和公司的任何其他代理人将与收购方和其顾问，就收购方对于公司和业务的尽职调查，进行合作。现有股东将促使公司向收购方和收购方代表及其他人员、准确、完整地提供有关公司（如有）和业务的账册、记录、合同和其他任何资讯和数据。
费用：	1. 各方各自自行承担其委托的专业顾问费用。 2. 如果交易未能完成是由于任何一方恶意不合作，则建议一方应承担另一方的所有合理费用。
保密：	本条款书的内容及公司披露的信息严格保密，未经双方签署书面同意，收购方、公司、现有股东以及他们各自的关联方不得向任何人披露本次交易的内容。此外，未经收购方签署书面同意，公司和现有股东不得以任何方式或格式（包括连接网址、新闻发布等）使用收购方的名称。
其他：	除了保密条款、排他条款，配合尽职调查，费用和保证金外，本投资条款的各项条款在投资正式法律文件签署之前不具有法律约束力，双方均可另行协商与此不一致的条款内容。任何一方违反前述保密条款、排他条款，应赔偿守约方因此遭受的所有损失。 收购方有权将本协议交予指定的第三方签署正式投资协议。

图 10-8　TS 条款范本

149　融资方式 1：股权质押融资

股权质押融资就是指投资人将其所拥有的股权作为质押标的物来进行融资，这种方式的主要优势是融资成本更低，同时还可以充分发挥股权价值。

中小企业过去主要的融资方式是债权融资，即通过抵押实物资产来获得银行贷款。但是，很多中小企业的不动产并不多，获得的资金非常有限，因此股权质押融资开始流行起来，企业只需要将自己的静态股权进行质押，即可获得流动资金，是一种非常理想的融资方式。如图 10-9 所示为股权质押融资的主要途径。

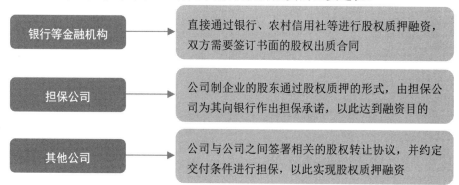

图 10-9　股权质押融资的主要途径

在质押股权时，企业实际上是将其股票的所有权质押给投资人，但保留与股票相关的其他权利，如投票权。股权质押融资协议的基本原则是互利、平等、诚实、自愿，相关范本条款如图 10-10 所示。

第一条　本合同所担保的债权为：乙方依贷款合同向甲方发放的总金额为人民币____（大写）元整的贷款，贷款年利率为____，贷款期限自__年__月__日至__年__月__日。

第二条　质押合同标的

（1）质押标的为甲方(即上述合同借款人)在____公司投资的股权及其派生的权益。

（2）质押股权金额为____元整。

（3）质押股权派生权益，系指质押股权应得红利及其他收益，必须记入甲方在乙方开立的保管账户内，作为本质押项下贷款偿付的保证。

第三条　甲方应在本合同订立后 10 日内就质押事宜征得____公司董事会议同意，并将出质股份于股东名册上办理登记手续，将股权证书移交给乙方保管。

第四条　本股权质押项下的贷款合同如有修改、补充而影响本质押合同时，双方应协商修改、补充本质押合同，使其与股权质押项下贷款合同规定相一致。

第五条　如因不可抗力原因致本合同须作一定删节、修改、补充时，应不免除或减少甲方在本合同中所承担的责任，不影响或侵犯乙方在本合同项下的权益。

第六条　发生下列事项之一时，乙方有权依法定方式处分质押股权及其派生权益，所得款项及权益优先清偿贷款本息。

（1）甲方不按本质押项下合同规定，如期偿还贷款本息，利息及费用。

（2）甲方被宣告解散、破产的。

第七条　在本合同有效期内，甲方如需转让出质股权，须经乙方书面同意，并将转让所得款项提前清偿贷款本息。

第八条　本合同生效后，甲、乙任何一方不得擅自变更或解除合同，除经双方协议一致并达成书面协议。

第九条　甲方在本合同第三条规定期限内不能取得____公司董事会同意质押或者在本合同签订前已将股权出质给第三者的，乙方有权提前收回贷款本息并有权要求甲方赔偿损失。

第十条　本合同是所担保贷款合同的组成部分，经双方签章，并自股权出质登记之日起开始生效。

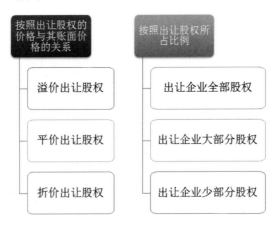

图 10-10　股权质押融资协议范本

150　融资方式 2：股权出让融资

股权出让融资又称为股权交易增值融资，是指企业通过出让部分股权来筹集资金，其分类如图 10-11 所示。

按照出让股权的价格与其账面价格的关系
溢价出让股权
平价出让股权
折价出让股权
按照出让股权所占比例
出让企业全部股权
出让企业大部分股权
出让企业少部分股权

图 10-11　股权出让融资的分类

股权出让融资方式会严重影响企业的股权结构、决策权、发展战略和收益方式等，如图 10-12 所示。

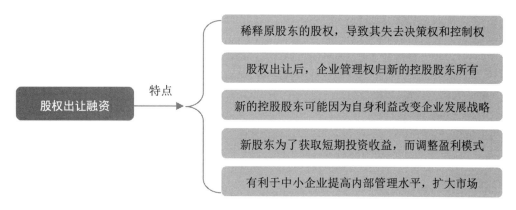

图 10-12　股权出让融资方式的特点

对于中小企业来说，股权出让融资更多的是为了吸引新的优秀合伙人和直接投资，因此选择投资人时要非常谨慎，避免让自己陷入被动局面。如图 10-13 所示为股权出让融资的主要途径。

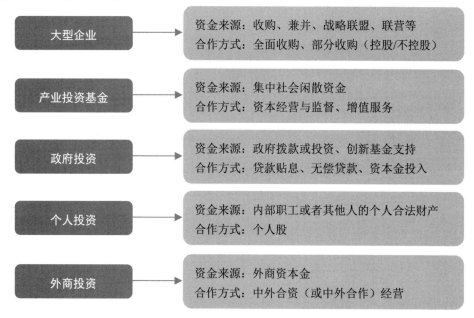

图 10-13　股权出让融资的主要途径

15.1　融资方式 3：股权增资扩股融资

股权增资扩股融资简称增资扩股，也可以称为股权增量融资，即通过增加股本总量来进行融资。股权增资扩股融资获得的资金属于企业自有的资本，不需要还本付息，而且财务风险也非常低，很受各类企业欢迎。根据不同的资金来源方式，股权增资扩股融资又可以分为下面两种方式，如图 10-14 所示。

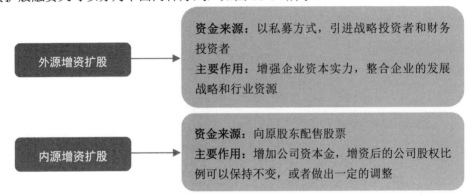

图 10-14　股权增资扩股融资的两种方式

股权增资扩股融资可以帮助企业实现产权明晰的改组目的，调整企业的股权结构，在股东之间建立很好的制约机制。下面通过一个案例来说明通过邀请出资的方式来改变原有企业的出资比例，从 5∶3∶2 的股权比例改变为 4∶4∶2，如图 10-15 所示。

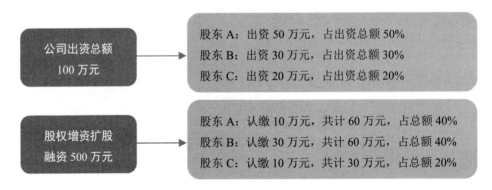

图 10-15　通过股权增资扩股融资改变企业股权结构

152　融资方式 4：私募股权融资

私募股权融资（Private Equity，PE）主要是非上市公司通过股权转让和增资扩股等方式来帮助企业引进新的特定投资者，其主要流程如图 10-16 所示。私募股权融资的手续非常简单，而且通常不需要进行抵押和担保，可以帮助企业快速获得资金。另外，这些特定投资者都是具有一定经营管理经验的人才，能够为企业提供前瞻性的战略指导。

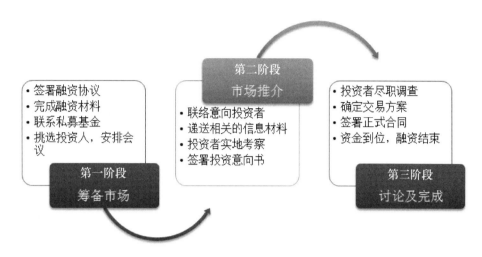

图 10-16　私募股权融资的基本流程

私募股权融资商业计划书中通常会注明风险提示、相关名词释义、项目基本情况、关于本次融资的决议情况、融资企业或拟新设企业情况、信息披露安排、投后管理安排、团队介绍、融资相关安排以及有关当事人披露等信息，相关范本如图 10-17 所示。

图 10-17　私募股权融资范本中的投资者筛选标准

153　融资方式 5：天使投资

"天使投资"这个词起源于美国纽约百老汇，最初用来形容那些资助百老汇演出的人，把他们比喻为天使，给百老汇的演出工作提供了高风险的投资。天使投资是指具有一定净财富的人士，对具有巨大发展潜力的、高风险的初创企业进行早期的直接投资，这是一种风险投资形式，能够帮助创始人实现创业梦想。对于天使投资，投资专家将投资对象假想为学生，并做了一个非常形象的比喻，如图10-18所示。

图 10-18　投资专家用学生做的比喻

创业者可以通过互联网媒体渠道、融资平台、入驻孵化器、人脉引荐、参与创投活动以及直接向投资人联系等方式，来寻找天使投资。国内有很多专业的天使投资平台，创业者可以将自己的优秀项目发布到这些平台上，吸引天使投资的关注，如图10-19所示。

图 10-19　通过互联网寻找天使投资

154　融资方式6：风险投资

风险投资（Venture Capital，VC）简称风投，主要融资对象为初创企业，主要方式是为投资人提供资金支持、经营管理经验和配套增值服务，并取得该公司的股份。企业想要获得风险投资，必须满足 5 个标准，如图 10-20 所示。

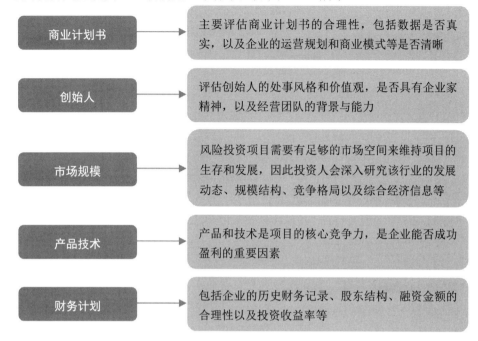

图 10-20　风险投资选择项目时的 5 个标准

155　融资方式 7：股权众筹

股权众筹主要是通过互联网上的股权众筹融资中介机构平台，来进行公开的小额股权融资，甚至有观点认为"股权众筹是私募股权互联网化"。股权众筹可以分为无担保股权众筹和有担保股权众筹两类，如图 10-21 所示。

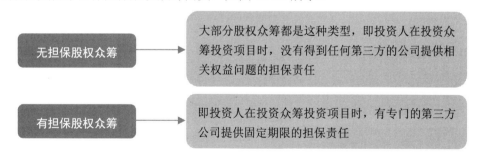

图 10-21　股权众筹的分类

股权众筹最为明显的一个特点，就是投资人的数量非常多，资金来源具有极大的分散性。随着移动互联网和移动支付技术的发展，股权众筹行业得到了前所未有的发展,不少电商巨头推出了股权众筹平台,比如说京东金融,如图10-22所示。京东众筹平台上发起的项目内容必须包含"我想要做什么事情""项目风险""项目回报""为什么需要支持"等信息。

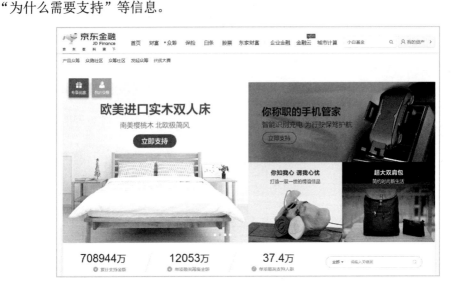

图 10-22　京东金融的众筹平台

156　融资方式8：FA股权融资

FA 是 Financial Advisor(融资顾问或是财务顾问)的缩写,其本质就是中介机构,即创业公司和投资机构之间的中介。FA 股权融资的基本流程如图 10-23 所示。

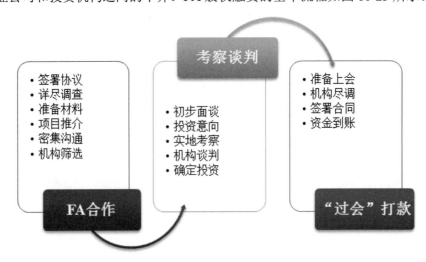

图 10-23　FA 股权融资的基本流程

这些从事 FA 股权融资的金融机构，主要功能价值就是链接资金的盈余和短缺两方，让适合的资本去到合适的人手中。

157 融资方式9：新三板融资

新三板是指全国中小企业股份转让系统，这是经国务院批准设立的全国性证券交易场所，简称全国股份转让系统。新三板融资主要针对非上市股份有限公司，其特点是挂牌门槛低、挂牌费用少以及挂牌效率高，为企业带来更加便捷的融资渠道，其优势如图 10-24 所示。

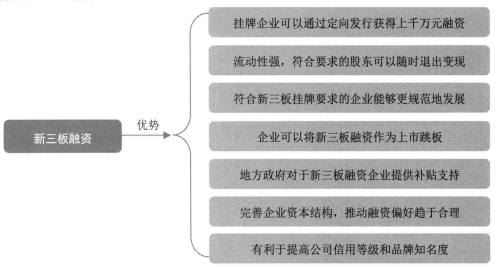

图 10-24　新三板融资的优势

企业在新三板挂牌后，可以极大地改善自己的经营管理水平，而且有助于提升业绩，加速资金回笼，将收回的大量现金转化为再生产的资本金，实现良性循环。根据《全国中小企业股份转让系统业务规则(试行)》(2013 年 12 月 30 日修改)规定显示，其对于新三板企业的挂牌做了以下要求。

2.1　股份有限公司申请股票在全国股份转让系统挂牌，不受股东所有制性质的限制，不限于高新技术企业，应当符合下列条件：
(一)依法设立且存续满两年。有限责任公司按原账面净资产值折股整体变更为股份有限公司的，存续时间可以从有限责任公司成立之日起计算；
(二)业务明确，具有持续经营能力；
(三)公司治理机制健全，合法规范经营；
(四)股权明晰，股票发行和转让行为合法合规；

(五)主办券商推荐并持续督导；
(六)全国股份转让系统公司要求的其他条件。

158　融资方式 10：IPO 上市融资

将企业做到上市，这是很多创业者经营企业的最终梦想。IPO 是首次公开募股 (Initial Public Offerings)的意思，即股份有限公司第一次将它的股份向公众出售。IPO 上市融资的主要好处如图 10-25 所示。

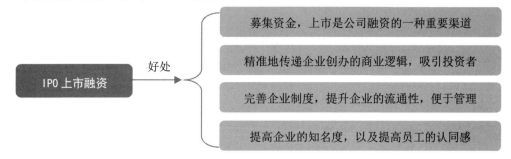

图 10-25　IPO 上市融资的主要好处

IPO 上市融资能够实现资产证券化，放大企业价值和股东价值，提高债务融资的能力，促进市场发展和企业规范化运作，同时还有利于吸引优秀人才。企业上市的基本流程如图 10-26 所示。

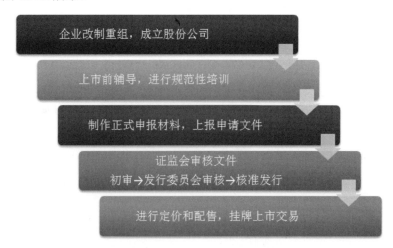

图 10-26　企业上市的基本流程

第 11 章

14 个诀窍，做好股权融资商业计划书

优质的商业计划书是企业成功获得融资的敲门砖，可以帮助创始人打开融资的大门。商业计划书是企业创始人为了达到招商融资和其他发展目标而制作的一份全方位的项目计划书，让投资人能够全面评估企业或项目，引起他们对项目的投资兴趣，从而让创始人成功实现融资。

本章主要介绍股权融资商业计划书的撰写技巧，以帮助企业或项目顺利获得投资人的资金。

159　一目了然：打造优秀的商业计划书

商业计划书的本质就是一份书面材料，核心内容主要围绕需要进行股权融资的项目进行。商业计划书的提供方包括公司、企业或项目单位，受众方则包括潜在投资人、企业债权人和合伙人，主要通过文字、图片等内容全面地展示公司或项目的现状、未来潜力等。

商业计划书中的内容都是投资人感兴趣的东西，是企业浓缩的精华部分，可以反映出企业的全部面貌。同时，商业计划书能够帮助投资人了解项目商业运作计划，并且对项目产生投资意向。

商业计划书的基本要点分为十个方面的内容，包括项目概要、公司介绍、资金估算、项目效益、项目介绍、项目管理、发展战略、市场分析、项目分析以及风险分析。如图 11-1 所示为某企业商业计划书的目录。

图 11-1　某企业商业计划书的目录

对于投资人而言，商业计划书的意义直接体现在，这份计划书是否值得投资人与创业者进行进一步的协商与合作。投资人通过阅读商业计划书，了解项目内容、公司团队、营销策略、财务计划等方面，才能知道这份计划书是否符合投资人的意向。商业计划书要想打动投资人，必须提供给投资人最感兴趣的内容，尤其是直接影响投资人未来投资效益的信息。

- 你是谁？关于企业或者团队的相关内容，也是投资人首先关注的信息。
- 做什么？产品或者服务的直接价值，是否值得投资人投资。
- 怎么做？计划书中展示创业者是否有执行能力和对项目成功的把握。

在商业计划书的内容中，由三大要点延伸的内容也是投资人重视的，具体包括产品或服务的细节、创业者敢于竞争的意识、深入分析和了解市场、完整的行动方针计划、强有力的管理团队、与筹资相关的摘要、详细的财务计划、妥当的退资方式。

160　基本结构：商业计划书的主要框架

融资是商业计划书的创作者通过各种方式，在金融市场中获得资金的行为与过程。对于创业型的企业而言，没有资金的支持，即使拥有优秀的项目，也很难快速实现盈利目标。

各个项目或企业的商业计划书虽然表面上千差万别，但本质上的基本结构却是一样的，主要包括摘要、主体和附录三个部分，如图 11-2 所示。

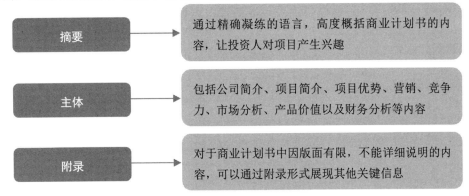

图 11-2　商业计划书的基本结构

161　重视引言：传递股权融资核心思想

引言是投资人首先看到的内容，可以用 1~2 页的引言来传递项目融资的核心思想，如深刻痛点、炫酷功能、高远情怀等。引言就像是大片的预告片，创作者可以在这里设置悬念，快速抓住观者的心，其基本原则如下。

- 浓缩精华信息，快速传达信息。
- 展现核心内容，提升读者兴趣。
- 摘要信息全面，展示整体信息。

为了便于阅读者快速地获得相关信息，商业计划书的引言一般控制在两页以内。主要包括公司概述、研究开发、产品服务、团队情况、行业市场、营销策略、资金说明以及退出机制这八个方面的内容。

162　形式分析：运作独特性与流程分析

获得风险投资是大部分商业计划书的主要目标，作为融资模式的一种，风险投资在具体运作上存在一定的独特性。要了解商业计划书的制作，首先需要对风险投资有一定的认识。如图11-3所示为风险投资的运作独特性分析。

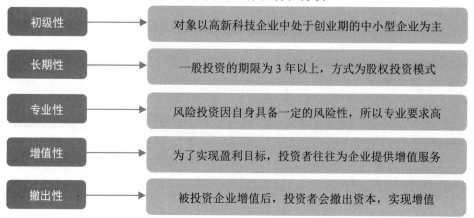

图11-3　风险投资的运作独特性分析

风险投资的具体过程有实际的流程步骤，主要分为五个方面。
第一步：寻找投资机会；方法：自荐、被推荐等。
第二步：进行初步筛选；方法：选择部分精品项目考察。
第三步：达成调查评估；方法：进行广泛、深入的调查。
第四步：协商投资条件；方法：对关键投资条件达成共识。
第五步：签署投资文件；方法：最终交易文件让投资生效。

163　市场调研：打动投资人的重要内容

市场调研是商业计划书中打动投资人的重要内容，产品或项目是否有市场可以直接由市场调研的内容表现出来。为获取即时的市场信息，需要深入社会市场进行调研，进行实地调查研究，制定出切实可行的计划书，写出有价值的调研报告，这是市场调研报告的基本创作过程。

市场调研报告主要有以下三个特点。

(1) 事实性特点：通过调查获得真实信息，并用这种真实的信息来阐明观点。
(2) 议论性特点：需要将调研信息进行综合分析，从而提炼出个人观点。
(3) 简洁性特点：文字信息必须十分简洁，重要内容必须直接突出。

调研报告的语言不一定十分严肃，也可以是生动活泼的，但是必须是符合群众性的生动且形象的语言，尽量少用网络语言或文字。在写作过程中需要注意使用一些浅显生动的比喻，目的是通过形象生动的方式来说服阅读对象接受道理。

164　竞争优势：让投资人更加认可项目

投资人不可能对一个毫无了解的公司进行投资，所以在商业计划书中的第一部分往往就要介绍公司和产品或者项目的信息，凸显出自己的竞争优势。如图 11-4 所示为某食用油产业化项目的商业计划书中的竞争优势内容。

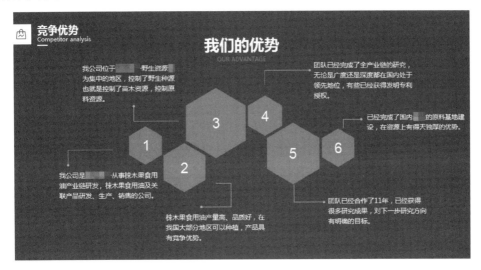

图 11-4　竞争优势内容示例

对于投资人而言，在第一时间除了了解企业的基本信息之外，还会了解企业能提供什么样的产品与服务，以及这些产品与服务是否能解决消费者的现实生活问题，从而分析产品与服务的潜在价值。直接展示项目的信息并不一定能够打动投资人，如果在商业计划书中能够体现出一定的项目竞争力，那么投资人会更加认可项目。

165　团队介绍：展现有战斗力的管理队伍

无论商业计划书做得多么优秀，最终的实践者依旧是团队的人员，团队信息是投资人必须重视的内容。团队人员就是商业计划书的提交者，往往是由创业者组成，也有部分团队人员来自成熟的企业。对于投资人而言，团队人员的价值甚至会比商业计划书本身的价值还要高，因为人才始终是投资人最为看重的。

一个优秀的团队，是可以合理利用每一个成员的能力与技能来进行合作的。团队的作用表现在这三个方面：协同工作、解决问题、达到共同的目标。在团队中，人才的互补优势直接建立在不同人才的能力水平和能力方向上。

其中，创业团队内人才主要有八种类型，包括创新型人才、信息型人才、管理型人才、实干型人才、协调型人才、监督型人才、细节型人才以及凝聚型人才。团队内的人员不一定同时具备这八种类型，但无论人才的类型属于哪种，人才之间的优点、缺点等方面进行互补促进，共同达成最终目标才是最为重要的。如图 11-5 所示为某美业项目商业计划书中的团队介绍。

图 11-5　团队介绍示例

166　盈利模式：呈现商业模式和项目价值

在市场经济中，盈利模式普遍被认为是企业或团队整合已有资源及合作者的资源，从而打造的一种实现利润、获得利润、分配利润的商业架构。商业计划书中盈利模式的写作技巧具体分析如下。

(1) 建立盈利模式的维度。 对于商业计划书的创作者而言，如果对公司或团队的盈利模式并没有深刻的认识，就可以从建立盈利模式的多个维度逐步进行分析，并根据实际情况创作出相关内容。

(2) 项目的商业模式展示。 商业模式就是利益相关者之间的交易结构，包括客户细分、价值主张、渠道通路、客户关系、收入来源、核心资源、关键业务、重要伙伴以及成本结构等内容，相关示例如图 11-6 所示。

图 11-6　商业模式示例

(3) 企业的发展计划展示。 发展计划往往是企业能够打造成功盈利模式的基础条件，没有长期的发展计划展示，盈利模式就属于空穴来风。

(4) 项目的盈利模式展示。 企业的盈利模式以企业的发展计划为基础，具体盈利内容根据企业类型的不同而不同。

167 营销策略：给计划书增添更多亮点

在互联网时代，没有营销的助力，企业就无法快速扩大其影响力，也就无法吸引投资人的注意力。在商业领域中，营销策略的基本概念为：企业以顾客需要为出发点，根据经验获得顾客需求量以及购买力的信息、商业界的期望值，有计划地组织各项经营活动。

企业经营管理中，最具有挑战性的地方就是营销，同样的产品、不同的营销方法，往往能够产生不同的结果。在商业计划书中，营销策略应包括以下内容，如图 11-7 所示。

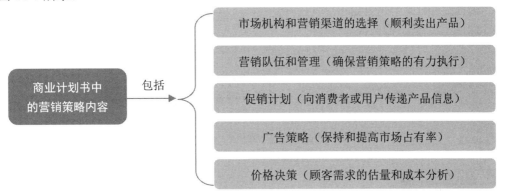

图 11-7　商业计划书中的营销策略内容

168 融资计划：提高项目融资的可能性

在股权融资商业计划书中，一定要将股权结构和融资规划讲清楚，不仅有助于展现创始人的风险控制能力，而且能够提高融资的成功率。

1. 股权结构

股权结构会对企业组织结构产生直接影响，需要保证合理的创始人占股比例。在撰写商业计划书时需要注意以下几点。

- 合理的利益结构，以及考虑贡献的正相关因素。
- 如果股权结构不合理，尽量在融资前进行合理调整。
- 将前面几轮融资信息说清楚，包括出资方、具体金额和出让股权等情况。

2. 融资规划

商业计划书中需要介绍融资的具体数额、融资的方式和详细使用规划等，让投资人知道创业者需要多少钱，会出让多少股权，以及后续对这些资金的安排，相关示例如图 11-8 所示。

图 11-8　融资计划示例

169　项目进展：项目不光只是一个点子

真正写好一份商业计划书并不简单，尤其是项目进展的部分，需要详细列明项目的优势、实施计划和进度，同时注明起止时间，让投资人看到项目的可行性。如图 11-9 所示为某汽车后市场项目商业计划书中的项目优势内容。

图 11-9　项目优势示例

如图 11-10 所示为某共享 VR 智能设备项目商业计划书中的项目进度内容。

图 11-10　项目进展示例

专家提醒

在商业计划书中，风险问题是务必详细说明的部分，这也是为了防止计划落实后因为风险问题而双方产生纠纷。风险因素是指能够使项目或计划产生意外风险损失的因素，往往是造成财产损失的直接或间接原因。风险因素越多，能够产生损失的可能性越大，同时导致的后果也会越严重。

170　退出途径：投资人关心的关键问题

对于投资人而言，通过投资获得利润是其主要的目标，而商业计划书中完善的、确保其能盈利的退出途径，是促使投资人投资的重要原因。在商业计划书中，创作者必须对风投资金的使用和后期资金的退出措施进行详细说明，以便投资人能够快速、清晰地了解自身的收益情况。

在商业计划书中，退出措施的内容主要包括两个方面，分别是从企业的自身条件出发，展示项目失败时的退出机制和项目成功时的退出机制。

(1) 项目失败的退出措施：以资本保本为目标的内容展示为主，通过细节内容向投资人展示项目失败之后的损失，同时资本损失越小越好。

(2) 项目成功的退出措施：以上市、并购、回购这三种退出措施的内容说明为主，向投资人展示项目成功之后的具体预定收益。

除了按照条款顺序对退出方式进行说明之外，商业计划书的创作者还可以结合公司的实际情况，通过回报率和回报方式分别进行说明。

171　内容策划：做到图文并茂、清爽简洁

在商业计划书中，内容是不可缺少的，除了内容之外，图文并茂的表现形式也十

分重要，但必须以清爽简洁为基本原则。

(1) 文字信息：精练表达是最基本的要求，相关示例如图 11-11 所示。精练表达在具体运用中，最常见的技巧就是用一句话作为单独的段落，突出要展现的内容。在商业计划书中，为了吸引投资人的注意力，可以通过对文字加工的方式进行内容上的强调与突出。

图 11-11　精练的文字内容

(2) 图片信息：图片有多种格式，但作用较为统一，在商业计划书中主要是增加计划书内容的真实性。数据图表是商业计划书常用的形式之一，作用是使数据进行各个项目之间的比较，在形态上分为垂直条形图和水平条形图。如图 11-12 所示为使用图文并茂的排版方式的商业计划书示例。

图 11-12　图文并茂的排版方式

另外，创作者也可以用表格的直接表现形式，按照需要说明的内容项目分类来画成格子，分别填入文字或数字信息，以便进行统计，或让别人查看内容。表格在商业计划书中的运用十分广泛,甚至可以直接采用全表格的方式来完成整个商业计划书的创作。

172 数据亮点:展示最有说服力的数据

在商业计划书中,数据的作用是不容小觑的,尤其是计划书中数字所代表的真实意义。在商业计划书中,数字是十分常见的,其与词语的重要性等同,能够对整个商业计划书的内容起到积极表现和传达的效果。从根本意义上而言,数字就是让投资者相信商业计划书的相关内容是以某些事实作为依据的。

在商业计划书中,数字的价值首先体现在吸引投资人的注意力方面。与文字相比,数字的形态、意义都更容易被投资人关注到,所以善于运用数字能够提升商业计划书成功的可能性,如图11-13所示。

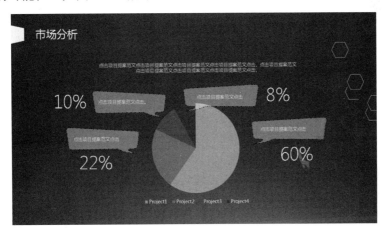

图11-13 运用数据展现亮点

除了吸引投资人的注意力之外,在数字的价值方面,还有一个重要作用就是数字直接证明了商业计划书内容的现实基础,能够说明相关数字并不是凭空而来的,从而得到投资人的进一步认可。

专家提醒

在商业计划书的盈利模式方面,没有数字的支持是属于空口无凭的。必须有严格逻辑关系的与盈利模式相关的数字计算,才能让投资人清楚地认识到其投资的盈利程度和可能性。

第 12 章

12 个技巧，融得更多资金帮你打破困境

股权融资是一种与债券融资相对的方式，是以股权为对价取得融资的方式，相对而言，其财务成本更低，一般情况下无须偿还，而且有利于优化企业股权结构、提升管理水平，是破解融资困局的有力支点。

本章主要介绍股权融资的相关技巧，具体内容包括投资原则、投资机构、尽职调查、公司估值、融资时间、融资金额、融资谈判以及花钱技巧等。

173 基本条件：了解行业十不投原则

企业在进行股权融资前，还需要符合一些基本条件，如图12-1所示。

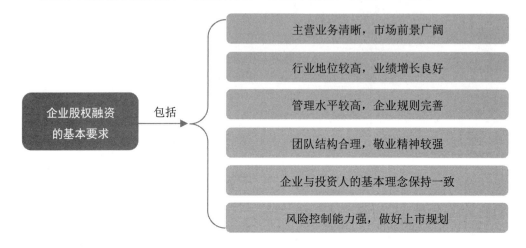

图12-1　企业股权融资的基本要求

专业的投资人和投资机构在筛选项目时，通常有非常严格的标准，如行业中比较通用的"十不投"原则。

- 不投没有上市可行性的项目。
- 不投技术不成熟的项目。
- 不投市场容量小的项目。
- 不投没有成熟盈利模式的项目。
- 不投有重大管理漏洞的项目。
- 不投团队核心人员存在不良问题的项目。
- 不投被相关政策法规禁止的项目。
- 不投成长率达不到70%的项目。
- 不投预期的退出收益过低的项目。
- 不投有重大历史沿革问题的项目。

174 投资机构：创业者背后的支持者

投资机构是指用自有资金或者能够从分散的公众手中筹集的资金专门进行有价证券投资活动的组织，一般具有投资资金量大、收集和分析信息的能力强等特点。目前，市场上的投资机构主要包括以下几类，如图12-2所示。

图 12-2　市场上的主要投资机构

175　尽职调查：打好股权融资的基础

当企业董事会确定要进行股权融资并授权给具体的负责人后，还需要对自身进行基本的尽职调查工作，其基本内容如图 12-3 所示。必要情况下，企业还可以聘请专业的外部财务顾问或者相关的人员来协助进行尽职调查，为股权融资计划准备好商业计划书等相关资料。

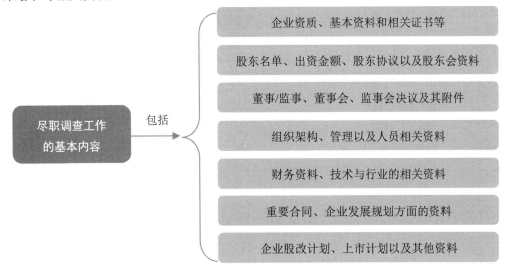

图 12-3　尽职调查工作的基本内容

176　公司估值：对公司进行价值评估

公司估值又称为企业估值、企业评估价值等，主要是指上市或者非上市公司对其内在价值进行评估。下面以 PE 市场中最为常用的市盈率法估值为例，介绍确定企业估值和定价方案的方法。

例如，某企业承诺当年净利润为 3000 万元，且未来两年的平均增长率达到 60%，同时计划在最近两年内上市。假设市盈率倍数为 5 倍，则企业总估值为：3000 万元×5 倍＝1.5 亿元。根据融资计划预计的规模，确定投资人的股权比例为 30%，则投资金额为 1.5 亿元×30%＝4500 万元。接下来再根据融资计划的实际情况，来确定投资人的数量、各自的投资金额和持股数量即可。

当然，上面的案例只是采用比较简单的数据进行说明，来介绍基本的企业估值方法，实际情况可能会复杂很多，需要运用大量的理论工具才能对企业进行准确估值。

177　融资时间：行动远比空想更重要

企业必须制订明确的融资计划和时间计划，并且严格按照计划来执行。当企业董事会确定融资计划，而且投资人也产生初步意向后，即可制订详细的融资时间计划，如图 12-4 所示。建议所有的流程在两个月到两个半月内完成。

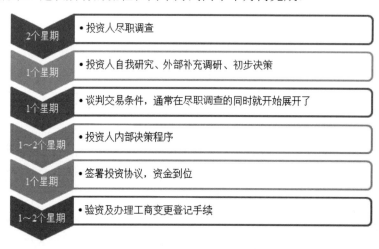

图 12-4　融资时间计划

在企业和投资人双方达成合作意向后，即可签订协商的投资协议，主要内容包括投资方案(持股数量、价格、投资金额、比例)、资金到位时间要求、董事/监事推荐安排、公司原有主要股东承诺内容、承诺内容出现差异时的处理方法。

178 融资金额：一定要大于实际需求

企业可以根据自身的发展需求和现金流大小，来确定合适的融资金额，同时要注意其稍大于实际需求，这里主要有五个方面的原因，如图12-5所示。

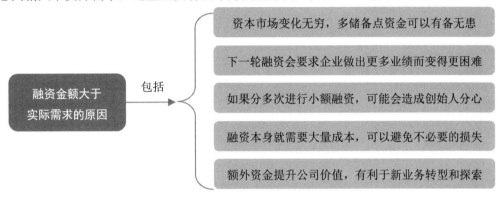

图12-5 融资金额大于实际需求的原因

179 谈判窍门：明确谈判内容和要点

企业股东与投资人双方的谈判，在很大程度上决定了融资能否成功。因此，有融资需求的企业一定要掌握一定的谈判窍门，这样不仅能够使自己的目标利益最大化，而且能够让投资人觉得满意。

1. 融资谈判的工作流程

了解融资谈判的工作流程，可以保证谈判的工作井然有序地进行，一步步走向成功的目标。融资谈判的工作流程主要包括以下五个阶段，如图12-6所示。

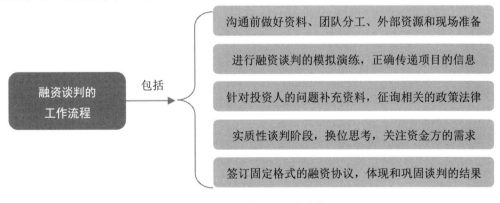

图12-6 融资谈判的工作流程

2. 融资谈判的沟通策略

企业在融资过程中，需要掌握一些与投资人沟通的技巧，不断增强自己的信心，这样才能让融资过程变得更加顺利。融资谈判的沟通策略如图12-7所示。

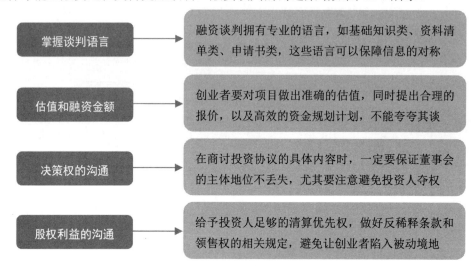

图12-7　融资谈判的沟通策略

180　知己知彼：多了解投资人的情况

融资是所有创业者都希望拥有的资源，在此过程中，创业者一定要多了解投资人的情况，做到"知己知彼，百战不殆"。创业者在接触投资人或者投资机构之前，可以先了解以下情况。

- 投资人之前的投资历史，股票持有时间。
- 投资人有无丰富的融资经验。
- 投资人是否投资过同行业的其他企业，以及持股情况。
- 投资人买卖股票的选择依据是否足够理性。
- 投资人的管理和行业经验，能否对企业提供价值和帮助。
- 投资人过往投资的盈亏情况。
- 投资人对系统性风险(政策风险、市场风险、宏观经济风险、购买力风险、通货膨胀风险、利率风险、汇率风险)的了解情况。
- 投资人对非系统性风险(操作风险、信用风险、违约风险、经营风险、流动性风险、财务风险)的了解情况。
- 投资人的风险防范能力和实际状况。
- 投资人能否为企业发展建言献策。

总之，创业者要善于站在投资人的角度来思考问题，投资人之所以选择你的项目或企业，并不是一时冲动，也不是为了做慈善，而是希望你的项目或企业能够为他带来投资收益。尤其是创业企业的股权融资，投资人面临的风险非常大，一旦投资失败，投资人将遭受巨大的损失。因此，创业者要多了解投资人的初衷，好好地规划和利用他们给予的资金，这样才能争取到他们的支持，让双方实现共赢。

181 融资陷阱：不得不防的融资大坑

股权融资非常重要，做得好可以通过它组建紧密合作、如狼如虎的灵魂团队；做得不好，轻则团队分崩离析，重则创始人被踢出局。因此，创始人一定要注意融资陷阱，避开融资过程中的坑。

首先创始人要学会识别冒牌投资公司，可以去工商局或者通过互联网查询它们有没有注册登记，这是最为靠谱的方法。另外，对于那些热衷于打广告的投资公司，也不要轻易相信，不能被它们的表象迷惑。很多公司虽然已进行工商注册登记，而且有高档豪华的办公场所，甚至取一些冠冕堂皇的名字，创业者也要小心辨别，不可轻易相信它们。

那些冒牌投资公司的员工素质普遍不高，缺乏相关的业务知识，只要与其进行深入的沟通，如企业的发展前景、项目的战略规划等，即可发现他们本身的问题。另外，这些冒牌投资公司对于自身实力也非常清楚，因此它们更青睐于找那些没有相关经验的企业，从而对企业落井下石。异地行骗也是冒牌投资公司常用的伎俩，这样不容易被人识破。下面介绍一下常见的融资陷阱和防范方法，如图 12-8 所示。

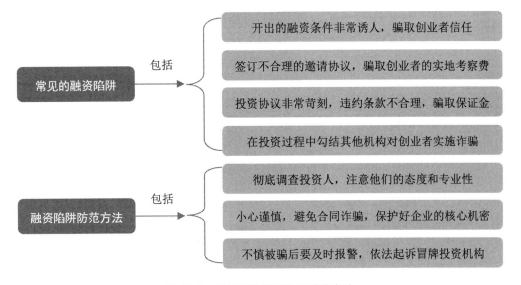

图 12-8　常见的融资陷阱及防范方法

182 花钱技巧：会花钱的人才会赚钱

即使创业者成功获得了融资，要知道这其实还只是取得了一个良好的开端，这些融资获得的钱如何花出去才是关键。钱花不到实处，企业和投资人都会遭受损失；钱用得合理，企业才能获得快速成长。

首先，创业者要做好资金管理，不要盲目追求高档的办公场所，同时要控制好员工数量，用合理的薪酬制度来提高他们的工作效率，以及管理好自己的个人财务问题，减少不必要的开销。

其次，创业者要控制好花钱的节奏，把融资有规划地用到企业发展的各个环节，具体策略如图 12-9 所示。

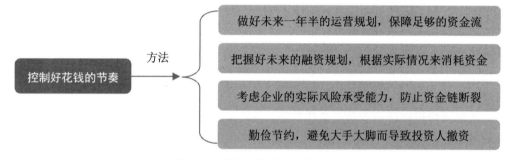

图 12-9　控制好花钱节奏的方法

尤其是对于初创企业来说，资金非常紧张，因此创业者一定要按照商业计划书中原有的计划来花钱，如果情况有变的话，则需告知投资人。俗话说"会花钱的人才会赚钱"，因此，创业者还需要掌握一些花钱的技巧，如图 12-10 所示。

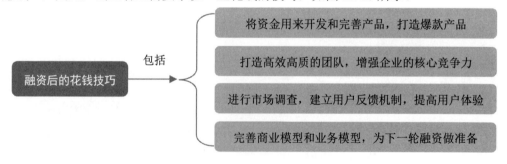

图 12-10　融资后的花钱技巧

183 处理关系：良好的互动达到共赢

创业者和投资人应该齐心协力，共同推动企业的发展，并共享企业的发展成果。

因此，双方在相处时，一定要保持融洽的关系，可以通过良好的互动达到共赢。

对于投资人来说，既然选择了创业者，就应该全力支持他，不要对他做出的行动指手画脚。而是应该将自己融入企业中，多帮忙不添乱。投资人可以从创业者的角度来思考问题，提出的建议要中肯，消除不必要的、无效的信息噪声，让创业者能够更加专注于项目的发展。对于创业者来说，在和投资人相处时，要注意以下这些问题，如图12-11所示。

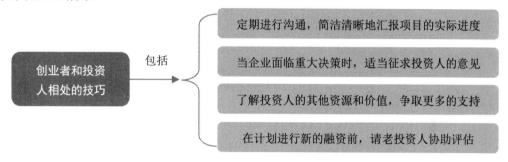

图 12-11　创业者和投资人相处的技巧

184　掌握控股权：抓牢公司的控制权

创业者对于融资后的股份分配要深思熟虑，一定要让自己掌握绝对的控股权，控制住公司的董事会和经营管理决策权，避免自己被踢出局。随着公司的多轮融资，创业者的股权被不断稀释，此时如何才能抓牢公司的控制权呢？下面介绍一些相关的技巧，如图12-12所示。

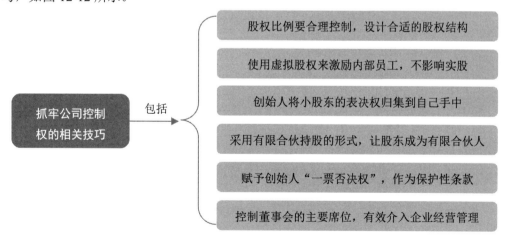

图 12-12　抓牢公司控制权的相关技巧

第 13 章

12 个干货，股权转让的关键问题整理

当创业者成功创建一家企业后，即可开始展开业务来获得利润，推动企业的发展壮大。在此过程中，由于企业经营或者发展的需求，可能会产生股权转让、分立等情况。

本章整理了一些股权转让的关键性问题，让大家清楚股权转让的基本流程、具体方法和相关注意事项，从而顺利地完成股权流转的工作。

185 股权转让：将自己的股份让渡给他人

股权转让是指股东有权依法将自己拥有的公司全部股权或者部分股权转让给他人，使他人成为公司股东，而原股东则套现退出。

《中华人民共和国公司法》(2018年修正)对于股权转让做了以下规定。

> 第三章 有限责任公司的股权转让
> 第七十一条 股权转让
> 有限责任公司的股东之间可以相互转让其全部或者部分股权。股东向股东以外的人转让股权，应当经其他股东过半数同意。股东就其股权转让事项书面通知其他股东征求同意，其他股东自接到书面通知之日起满三十日未答复的，视为同意转让。其他股东半数以上不同意转让的，不同意的股东应当购买该转让的股权；不购买的，视为同意转让。
>
> 经股东同意转让的股权，在同等条件下，其他股东有优先购买权。两个以上股东主张行使优先购买权的，协商确定各自的购买比例；协商不成的，按照转让时各自的出资比例行使优先购买权。公司章程对股权转让另有规定的，从其规定。
>
> 第七十二条 优先购买权
> 人民法院依照法律规定的强制执行程序转让股东的股权时，应当通知公司及全体股东，其他股东在同等条件下有优先购买权。其他股东自人民法院通知之日起满二十日不行使优先购买权的，视为放弃优先购买权。
>
> 第七十三条 股权转让的变更记载
> 依照本法第七十一条、第七十二条转让股权后，公司应当注销原股东的出资证明书，向新股东签发出资证明书，并相应修改公司章程和股东名册中有关股东及其出资额的记载。对公司章程的该项修改不需再由股东会表决。
>
> 第五章 股份有限公司的股份发行和转让
> 第一百三十七条 股份转让
> 股东持有的股份可以依法转让。
> 第一百三十八条 股份转让的场所
> 股东转让其股份，应当在依法设立的证券交易场所进行或者按照国务院规定的其他方式进行。

186 股权流转：股权转让的基本运行流程

股权转让的基本事项主要包括工商变更、国税变更和地税变更三个环节。

1. 工商变更

工商变更的受理部门包括国家、省、市或区工商局，转让人需要填写各种相关工商局规定的格式文本表格，包括《公司变更登记申请书》《有限责任公司变更登记附表——股东出资信息》《指定代表或者共同委托代理人的证明》(都需要由股东加盖公章或签字)，递交材料后由工商局备案。

2. 国税变更

公司变更法人后，要到国税变更税务登记。国税变更所需资料包括《变更税务登记表》、营业执照副本、《国税税务登记证》《增值税一般纳税人资格证书》、法定代表人居民身份证、变更决议等。

3. 地税变更

地税变更所需资料包括《变更税务登记表》、工商营业执照、地税税务登记证正副本等，准备好这些资料后去所属税局办理即可。

> **专家提醒**
>
> 外资股权转让还需要去对外经济贸易合作局办理外汇变更手续，一些股权转让协议还要涉及主管部门的批准，如国有股权或外资企业股权转让等。

187 获得盈利：股权转让后能否得到分红

原股东将持有的股权转让后，还可以根据具体情况，申请获取他在持股的时间内公司盈利的分红权，具体情况如图 13-1 所示。

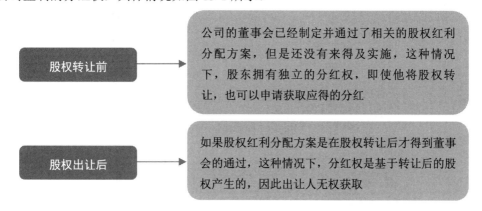

图 13-1 股权转让能否获取分红的不同情况

另外，如果在股权转让协议中对于原股东持股期间的分红权做了特别约定，那么遵循该约定来分配即可。

188　转让协议：股权转让协议包括的内容

股权转让协议通常包括以下内容。

(1) 定义与释义：相关词汇的具体含义解释说明。

(2) 股权转让：股权转让的份额、价格和股权比例，相关条款范本如图 13-2 所示；股权转让的支付方式、交割期限及方式。

图 13-2　股权转让条款范本

(3) 先决条件：投资人支付股权转让价款的义务所取决的条件。

(4) 成交及相关事项：成交时间、成交行动、工商登记变更、权利起始。

(5) 陈述与保证：出让人的陈述与保证、投资人的保证。

(6) 约定与承诺：业务经营、排他性、尽职调查、特定事项通知、竞业禁止等协定。

(7) 生效与终止：生效时间、提前终止行为、终止效力时间。

(8) 赔偿：投资人的赔偿、索赔通知、涉及第三方的事项。

(9) 其他条款：费用说明、修订与弃权、准据法、争议解决方案、保密约定、可分割协议、转让约定。

189　转让手续：股权转让要经过哪些手续

根据相关法律法规的规定，股权转让一般要经过以下手续。

(1) **受让方股东会**：充分研究出让人股权的特点，分析是否具备收购的可行性，同时进行尽职调查。

(2) **协商谈判**：受让人实地考察，并且与出让人进行谈判，评估股权价值，并出具验资报告。

(3) **签订协议**：出让人与受让人签订股权转让协议，约定相关的转让事宜，并且双方在协议上签字盖章。

(4) **召开老股东会**：通过股东会决议，免去股权出让人的相关职务，按照原来公司章程的规定执行股东会的表决比例和表决方式，参与会议的所有股东在《股东会决议》上签字盖章。

(5) **召开新股东会**：通过股东会决议，任命股权受让人的相关职务，商讨新的公司章程，按照规定执行股东会的表决比例和表决方式，参与会议的所有股东在《股东会决议》上签字盖章。

(6) **股权变更登记**：在规定时间内向税务部门缴纳税款，同时前往工商局提交相关文件(《股权转让协议》《股东会决议》、新《公司章程》等)，办理股权变更登记手续。

190 注意法规：影响股权流转效力的因素

股权流转行为的效力状态包括三种情况：是否成立、是否有效、是否生效。当然这些效力状态还有一个前提，那就是转让协议本身是有效的，否则得不到法律的支持。在股权流转过程中，影响效力的因素主要包括以下几种，如图13-3所示。

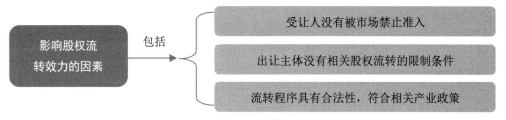

图13-3 影响股权流转效力的因素

专家提醒

下面是《中华人民共和国公司法》(2018年修正)中对记名股票、无记名股票的转让以及特定持有人的股份转让做出的相关规定。

第一百三十九条 记名股票的转让

记名股票，由股东以背书方式或者法律、行政法规规定的其他方式转让；转让后由公司将受让人的姓名或者名称及住所记载于股东名册。股东大会召开前二十日内或者公司决定分配股利的基准日前五日内，不得进行前款规定的股东名册的变更登记。但是，法律对上市公司股东名册变更登记另有规定的，从其规定。

第一百四十条　无记名股票的转让

无记名股票的转让，由股东将该股票交付给受让人后即发生转让的效力。

第一百四十一条　特定持有人的股份转让

发起人持有的本公司股份，自公司成立之日起一年内不得转让。公司公开发行股份前已发行的股份，自公司股票在证券交易所上市交易之日起一年内不得转让。公司董事、监事、高级管理人员应当向公司申报所持有的本公司的股份及其变动情况，在任职期间每年转让的股份不得超过其所持有本公司股份总数的百分之二十五；所持本公司股份自公司股票上市交易之日起一年内不得转让。上述人员离职后半年内，不得转让其所持有的本公司股份。公司章程可以对公司董事、监事、高级管理人员转让其所持有的本公司股份做出其他限制性规定。

191　缴纳税款：股权转让如何上缴印花税

根据财税〔2002〕191号《财政部、国家税务总局关于股权转让有关营业税问题的通知》的规定，股权转让不征收营业税，但需要交纳相关的所得税和印花税，具体交纳额度如图13-4所示。

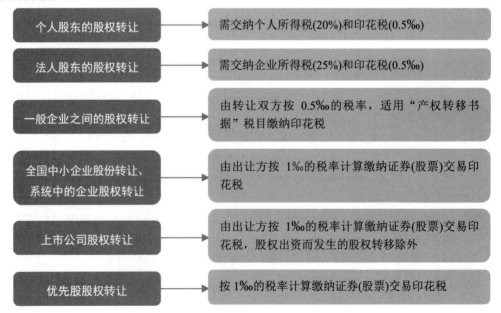

图13-4　股权转让交税的基本规定

192 合同生效：股权转让要变更工商登记

根据《中华人民共和国公司登记管理条例》规定，当企业股东发生变更后，必须在 30 日内前往工商部门办理变更登记。

第三十一条　公司增加注册资本的，应当自变更决议或者决定做出之日起 30 日内申请变更登记。

公司减少注册资本的，应当自公告之日起 45 日后申请变更登记，并应当提交公司在报纸上登载公司减少注册资本公告的有关证明和公司债务清偿或者债务担保情况的说明。

不过，股权转让属于非营业执照登记事项，因此即使变更登记也不代表股权转让协议的生效，而是以股东会决议通过时生效。

《中华人民共和国公司法》第 7 条规定：公司营业执照应当载明公司的名称、住所、注册资本、经营范围、法定代表人姓名等事项。公司营业执照记载的事项发生变更的，公司应当依法办理变更登记，由公司登记机关换发营业执照。

193 公司吊销：股东的股权如何进行转让

当公司因为各种问题导致营业执照被吊销后，此时股东手中的股权该如何进行转让呢？下面介绍具体的步骤，如图 13-5 所示。

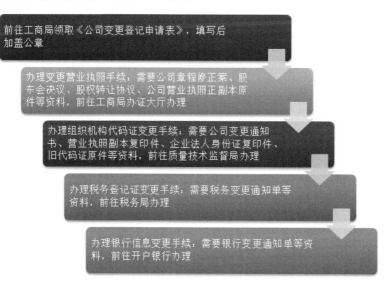

图 13-5　公司营业执照被吊销后的股权转让步骤

> **专家提醒**
>
> 《中华人民共和国公司法》规定,公司被吊销营业执照后,禁止从事一切经营活动。但是,相关法律并未规定被吊销营业执照的公司不能进行股权变更。

194 股权收购:公司股权收购的 4 种方式

股权收购(Share Acquisition)是指以目标公司股东的全部或部分股权为收购标的的收购行为。在收购公司股权时,需要按照符合法律规定的方式来进行,这样才能正确获得公司股权。公司股权收购的具体方式包括以下 4 种,如图 13-6 所示。

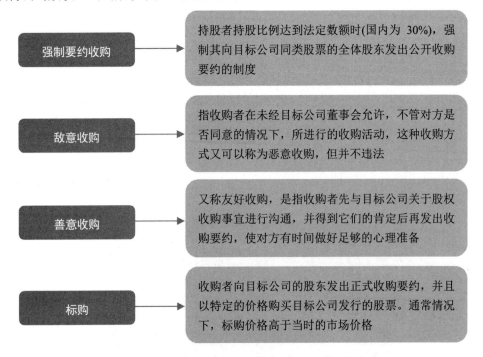

图 13-6 公司股权收购的具体方式

195 隐名股东:转让股权需要注意的问题

隐名股东是指一些实际出资的投资人,他们为了规避法律法规、利用政策、避开有可能涉及的复杂烦琐的手续、避免公开个人信息或者其他商业考量等原因,借用他人的名义来投资公司或者直接成立公司,同时将公司章程、股东名册和工商登记中的股东都记载为他人。在《公司法解释(三)》中可以看到,实际投资人其实就是隐名股东，而名义股东则就是名义出资人。

> 《公司法解释(三)》第二十五条
> 名义股东将登记于其名下的股权转让、质押或者以其他方式处分，实际出资人以其对于股权享有实际权利为由，请求认定处分股权行为无效的，人民法院可以参照《物权法》第一百零六条的规定处理。
> 名义股东处分股权造成实际出资人损失，实际出资人请求名义股东承担赔偿责任的，人民法院应予支持。
> 《中华人民共和国物权法》第一百零六条
> 无处分权人将不动产或者动产转让给受让人的，所有权人有权追回；
> 受让人依照前款规定取得不动产或者动产的所有权的，原所有权人有权向无处分权人请求赔偿损失。

隐名股东在转让股权时，必须有第三人明确知晓隐名股东的身份存在，名义股东应当知晓该转让事实并且没有提出反对意见，同时协助隐名股东签订股权转让协议，另外还需要企业中超过半数以上的股东同意才行。

196 交叉持股：子公司如何购买母公司股权

子公司虽然在法律上可以独立于母公司存在，但母公司持有其全部或部分股权，对其可以进行间接控制。如果子公司反过来也想要持有母公司的股权，则属于交叉持股的形式，对于这种行为，相关法律法规并没有做出明确的限制性规定，因此在理论上是可行的。交叉持股的主要特征如图13-7所示。

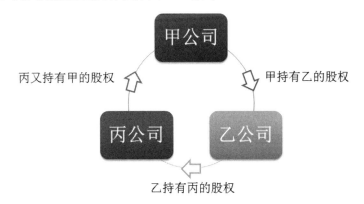

图13-7 交叉持股的主要特征

采用交叉持股的方式时，注意不能破坏原有的从属关系，否则会严重影响公司的经营管理和重大决策，拖累公司的发展速度。

第 14 章

12 个妙招，合伙人"分手"后退出股权

创始人开公司和投资人投钱的目的，都是赚钱，一旦企业的利益达到了最大化，他们就会考虑退出变现。为了避免公司股东在退出时产生不必要的纠纷，企业需要及早设计合理的股权退出机制，并将其落实到具体的协议上。同时，面对股东的退出，企业要及时进行补救，尽早寻找下一轮融资，保证他们的退出不会给企业造成严重的影响。

197　退出机制1：公司创始人如何退出

对于创业企业来说，若创始人离开团队，就会牵涉股权退出机制，具体方法如图 14-1 所示。如果没有设计股权退出机制，那么这些中途离场的合伙人就会带走股权，对他们来说非常有利，而对于还在支撑企业的其他合伙人来说，则显得非常不公平。这样的企业，也无法给予合伙人安全感。

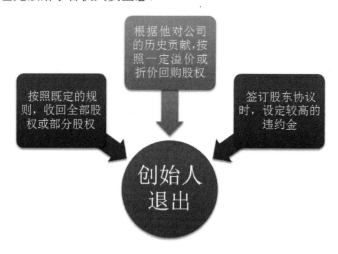

图 14-1　公司创始人退出方法

俗话说"亲兄弟明算账"，合伙人的关系再好，在共同创建公司时也要约定好股权的退出机制，一旦谁离开，都应该收回他手中的股权，以免公司陷入发展困境。制定合理的创始人股权退出机制，不仅可以有效杜绝创始人中途离开的隐患，而且能增强合伙人的凝聚力。

专家提醒

公司创始人的股权退出机制可以从两个方面来实施。
(1) 按照工作年限来发放股份。
(2) 按照阶段性业绩指标来发放股份。

198　退出机制2：股权投资人如何退出

股权投资人最常用的退出机制便是股权转让，即依照相关的法律法规，将自己的合法股权有偿出让给他人，从而实现套现退出。投资人通常采用私下协议转让或者新四板(区域性股权交易市场)公开挂牌等方式实现股权转让。

有限责任公司的股东退出，必须符合《中华人民共和国公司法》第七十四条所规定的股东申请退股的三种法定情形。

> 有下列情形之一的，对股东会该项决议投反对票的股东可以请求公司按照合理的价格收购其股权：
> (一)公司连续五年不向股东分配利润，而公司该五年连续盈利，并且符合本法规定的分配利润条件的；
> (二)公司合并、分立、转让主要财产的；
> (三)公司章程规定的营业期限届满或者章程规定的其他解散事由出现，股东会会议通过决议修改章程使公司存续的。
> 自股东会会议决议通过之日起六十日内，股东与公司不能达成股权收购协议的，股东可以自股东会会议决议通过之日起九十日内向人民法院提起诉讼。

199 退出机制3：股权合伙人如何退出

很多合伙人获得的股权与其为公司付出的努力往往是不对等的，因此他们在退出时，对于自己所做的贡献和获得的股权会觉得不平衡，从而产生冲突。为了避免产生这种情况，首先要在分配股权前进行团队磨合，同时留出一定的可调整空间的股权池，并且制定完善的股权机制。

其实，在设计合伙人的股权进入机制时，便要考虑对应的退出机制。根据合伙人的不同退出情况，来制定不同的退出机制，具体情况如图14-2所示。

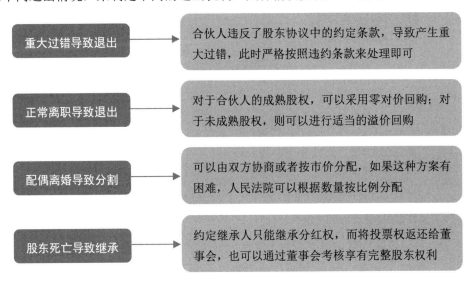

图14-2 股权合伙人不同情况下的退出方法

200　退出机制 4：联合创始人如何退出

如果联合创始人退出后，手中还持有公司股权，通常会让那些继续坚守创业的合伙人心理不平衡。因此，不管何种情况，针对联合创始人的股权，都需要设定从退出的联合创始人手中收回股权的成熟机制。

例如，创始人 A 和创始人 B 两人联合创建一家公司，同时各持公司 50% 的股权。起先的半年时间，两个人都非常努力地为公司打拼。但是，创始人 B 渐渐对公司发展失去信心，而直接离职去了一家成熟的公司担任高管。创始人 A 则坚信公司会有好的发展，从而独自挑起公司的重担。但是，创始人 B 的股权并没有撤出，他仍然保留了 50% 的公司股权。

又经过了两年的发展，公司的业务逐渐走上正轨，发展得越来越大，而且有大公司看中了这个业务，准备开高价来并购公司。对于创始人 A 来说，辛苦的付出终于有了回报。此时，对于创始人 B 来说，虽然他早已经离职，但是他拥有公司一半的股份，按理说是可以得到一半的并购价款的。

在创业过程中，类似的情况非常多。这种情况对于留守的创始人来说是非常不公平的，因此必须通过创始人股权成熟机制来解决这些问题，具体包括两方面的内容，如图 14-3 所示。

图 14-3　创始人股权成熟机制的具体内容

201　退出机制 5：持股员工如何退出

很多实行股权激励方案的公司内，有大量员工持有公司的股权。这种情况下，通常会在股权激励计划中约定详细的行权条件和退出机制，按照该规定执行即可。如图 14-4 所示为某公司股权激励计划范本中的退出机制说明。

图 14-4 某公司股权激励计划范本中的退出机制说明

专家提醒

另外,对于采用干股激励的公司来说,干股股东没有登记在公司股东名册,没有股份股权,因此不能对干股进行转让。

202 制定规则:特殊情况的退出机制

很多时候公司股东可能不是自愿退出的,而是由于某些原因被迫卖出股份,如职务变更、降职、离职、考核未通过、死亡、退休等,这些特殊情况下都需要制定相应的股权退出机制,具体方案如图 14-5 所示。

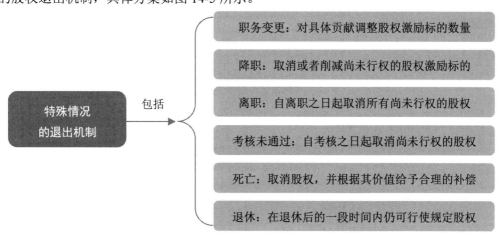

图 14-5 特殊情况的退出机制

203　IPO 退出：投资人热衷的退出方式

IPO 退出就是企业通过上市，当投资人手中的公司股票大幅增值后，可通过抛售股票来获得高额的收益，是投资人非常热衷的股权退出方式。但是，IPO 退出的方式也存在一定的弊端，如图 14-6 所示。

图 14-6　IPO 退出方式的弊端

204　并购退出：方式灵活但收益率较低

并购退出是指通过其他企业兼并或收购风险企业，从而使风险资本退出的方式。并购退出的主要优势如图 14-7 所示。

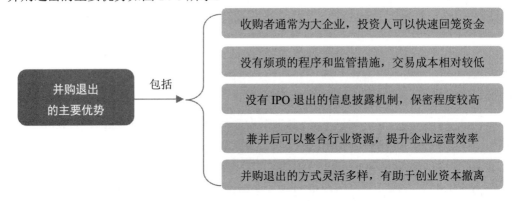

图 14-7　并购退出的主要优势

并购退出的不足之处也非常明显，那就是收益率要远低于 IPO，而且容易丧失公司控制权，同时并购的方式和时机都非常重要，需要企业谨慎对待。

205　新三板退出：适合中小企业的方式

新三板退出包括做市转让和协议转让两种方式，如图 14-8 所示，是比较适合中小企业的退出渠道。

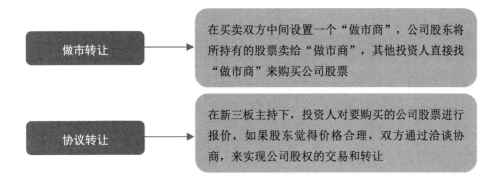

图 14-8 新三板退出的两种方式

新三板退出的主要优势如图 14-9 所示。新三板市场的主要缺点在于流动性较低，退出过程比较慢，而且退出价格也不高。

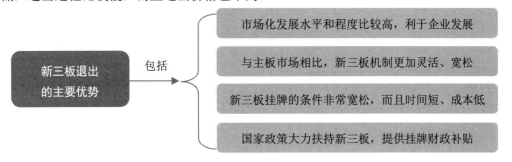

图 14-9 新三板退出的主要优势

206 借壳上市：通过二级市场间接退出

非上市公司通过把资产注入一家市值较低的上市公司，并得到该公司一定程度的控股权，从而实现间接上市的方法，这一行为便是借壳上市，所谓的"壳"就是指上市公司的上市资格。

借壳上市后，投资人可以通过二级市场抛售股票来实现股权退出，这种方式的主要优点如下。

- 时间相对较短，只要半年左右即可完成整个审批流程。
- 成本更低，无须付出庞大的律师费用。
- 保密程度高，企业无须公开各项指标。

专家提醒

借壳上市退出的主要缺点在于容易滋生内幕交易，同时这些高价壳资源会严重扰乱市场的估值基础，并且会削弱现有的退市制度。

207 股权回购：回报率较低但收益稳定

股权回购是指企业的实际所有人直接收回投资人的股权，可以分为管理层收购（Management Buy-Outs，MBO）和股东回购两种方式，如图14-10所示。

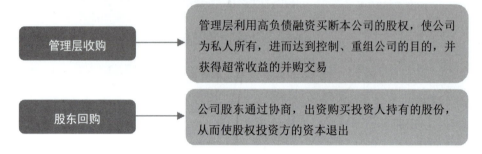

图 14-10　股权回购的两种常见方式

股权回购的优势在于投资人的收益较为稳定，而企业则可以获得更高的独立性和控制权，同时操作简单、成本低。股权回购的主要缺点在于收益率比较低，同时企业需要承受更大的现金支付压力。

208 破产清算：尽可能地收回残留资本

清算退出是针对投资失败项目的一种退出方式，包括破产清算和解散清算两种方式。如果公司创业失败且已经无法挽回，则应尽早进入清算程序来止损，尽可能多地收回部分残留资本。《中华人民共和国公司法》对于破产清算的相关规定如下。

> 第一百八十六条　清算程序
> 清算组在清理公司财产、编制资产负债表和财产清单后，应当制定清算方案，并报股东会、股东大会或者人民法院确认。公司财产在分别支付清算费用、职工的工资、社会保险费用和法定补偿金，缴纳所欠税款，清偿公司债务后的剩余财产，有限责任公司按照股东的出资比例分配，股份有限公司按照股东持有的股份比例分配。清算期间，公司存续，但不得开展与清算无关的经营活动。公司财产在未依照前款规定清偿前，不得分配给股东。
>
> 第一百八十七条　破产申请
> 清算组在清理公司财产、编制资产负债表和财产清单后，发现公司财产不足清偿债务的，应当依法向人民法院申请宣告破产。公司经人民法院裁定宣告破产后，清算组应当将清算事务移交给人民法院。